Adventures in Portuguese

1000+ Lines of Useful Portuguese Dialogues to Help You Learn Portuguese

Contents

Published in 2023 by Dialog Abroad Books

0921 002
2 4 6 8 10 9 7 5 3
ISBN 978-3-98552-197-5

Introduction

Dear Learner.

This is the story of Adam Jackson, a 20-year-old student from Taiwan. Adam is coming to England to study at the University of Nottingham. He will make a lot of friends and perhaps even find a girlfriend. But what exactly will happen on his semester abroad? Find out inside.

Have fun. Let's begin.

Chapter 1

O novo colega de apartamento

Adam e sua mãe acabaram de chegar em Nottingham. Ela o está ajudando a encontrar seu apartamento. Eles estão parados na frente do elevador quando Howard chega.

TAXISTA Vinte e oito libras e sessenta, por favor.

SRA. JACKSON Aqui. Tire trinta libras disso.

TAXISTA Muito obrigado. Eu te devolvo vinte libras. Tenha um bom dia.

SRA. JACKSON Você também. Tchau.

ADAM Vou levar as malas pesadas comigo. Você pode carregar minha bolsa para laptop?

SRA. JACKSON Coloque a bolsa do laptop na mala ao puxá-la. Posso puxar minha mala sozinho.

ADAM Por sorte, o apartamento tem elevador, então não precisamos carregar tudo escada acima.

SRA. JACKSON Sem uma carona, não conseguiríamos.

ADAM Esta rua é muito bonita. Você já esteve aqui antes?

SRA. JACKSON Sim, conheço muito bem esta estrada. Eu costumava andar de bicicleta com amigos aqui às vezes.

ADAM Você ainda tem sua bicicleta aqui em Nottingham? Eu gostaria de usá-lo para ver todos os lugares legais por perto.

SRA. JACKSON Infelizmente, vendi antes de nos mudarmos para Taiwan. Você pode comprar um em uma feira de segunda mão ou procurar anúncios no jornal.

ADAM Sim, eu vi um cartaz de um mercado de bicicletas no Centro de Conferências de Nottingham no dia 29 de março. Você sabe onde é isso?

SRA. JACKSON Se bem me lembro, você pode pegar o bonde e descer na Market Square. A partir daí, você só precisa caminhar mais cinco ou dez minutos.

ADAM Ótimo. Espero conseguir uma boa bicicleta a um bom preço. Não entendo nada de bicicletas.

SRA. JACKSON Tenho certeza de que um de seus novos amigos poderá ajudá-lo. Há muitas bicicletas em frente ao seu prédio. Parece um lugar seguro para trancar sua bicicleta à noite.

ADAM Eu também acho. Eu ficaria tão bravo se minha bicicleta fosse roubada.

SRA. JACKSON Aposto que seu colega de apartamento tem uma bicicleta e pode até ajudá-lo a comprar uma.

ADAM Acho que você está certo. Oh não, não consigo encontrar minha chave. Eu acho que perdi.

SRA. JACKSON Você acabou de receber na universidade. Como você pode perdê-lo já?

ADAM Não sei. Achei que tinha colocado no bolso, mas agora não consigo encontrá-lo. Oh, espere, eu encontrei. Estava na bolsa do meu laptop.

SRA. JACKSON Graças a Deus. Nunca perca sua chave. Imagine se alguém encontrar e roubar tudo no seu apartamento?

ADAM Como eles saberão onde eu moro?

SRA. JACKSON Seu endereço está escrito no chaveiro.

ADAM Ah, certo. Eu não pensei sobre isso.

SRA. JACKSON Você deve tirar esse chaveiro e deixá-lo no seu quarto até devolver as chaves no final do semestre.

ADAM Ok, sem problemas. Olha, a chave funciona.

SRA. JACKSON Vamos pegar o elevador.

HOWARD Bom dia.

SRA. JACKSON Bom dia. Subindo?

HOWARD Sim. Por favor, depois de você.

SRA. JACKSON Obrigado.

HOWARD Em que andar fica o seu apartamento?

ADAM No quinto andar.

HOWARD Eu moro no mesmo andar. Você deve ser meu novo colega de apartamento.

ADAM Sim, acho que sim.

HOWARD Estou feliz em conhecê-lo. Meu nome é Howard Brown. Eu venho de Edimburgo.

ADAM Estou feliz também. Meu nome é Adam Jackson, e esta é minha mãe.

HOWARD Sra. Jackson, suas malas parecem bem pesadas. Vou ajudá-lo a carregá-los.

SRA. JACKSON Isso é legal da sua parte. Há quanto tempo você mora em Nottingham?

HOWARD Moro em Nottingham há cinco anos. Este é meu último semestre aqui e depois volto para Edimburgo para trabalhar.

ADAM O que você está estudando na universidade?

HOWARD Eu quero ser pediatra.

SRA. JACKSON Ótimo. Então, você também deve trabalhar no hospital universitário, certo?

HOWARD Exatamente. Eu só trabalho às terças e quintas. E você, Adam? O que você está estudando na universidade?

ADAM Estou estudando história na National Taipei University em Taipei.

HOWARD Eu amo Taiwan. Já estive lá uma vez, mas não sei nada sobre sua história. Talvez você possa me contar mais algum dia ? Você nasceu lá?

ADAM Sim, eu estava, mas minha mãe não. Ela nasceu em

Nottingham.

HOWARD Ótimo. Você é um verdadeiro Nottinghamiano.

SRA. JACKSON Sim, nasci no hospital da cidade. Vinte e um anos atrás, é claro!

Chapter 2

O passeio pelo apartamento

Howard abre a porta do apartamento e começa a mostrar a Adam e sua mãe o apartamento.

HOWARD Bem-vindo ao nosso apartamento. Você pode pendurar seus casacos lá e colocar seus sapatos na sapateira.

SRA. JACKSON Boa ideia. Tirar os sapatos antes de entrar no apartamento mantém o chão limpo e você não precisa esfregar com tanta frequência.

HOWARD Você está certo. Odeio limpar o chão.

SRA. JACKSON E você tem alguns pares de chinelos aqui também. São seus ou para convidados?

HOWARD Os azuis são meus. Por favor, pegue um par dos outros se seus pés estiverem frios.

ADAM Os outros parecem pequenos demais para mim. Vou apenas andar de meias.

HOWARD Você pode comprar um par por algumas libras. Deixe-me mostrar-lhe o apartamento. Isso aqui é a cozinha. Temos micro-ondas, forno e geladeira. A prateleira de cima da geladeira é minha e a de baixo é sua. Mostrarei como usar a máquina de lavar louça mais tarde, quando estiver cheia.

ADAM Bom, não preciso lavar a louça à mão. Quantas vezes você tem que colocá - lo ?

HOWARD Geralmente duas vezes por semana. Mais se fizermos uma festa ou se os amigos vierem jantar. Temos muitos pratos e talheres, então não há problema se esquecermos. Do outro lado do corredor fica o banheiro com chuveiro. Esta aqui é a sala de estar.

ADAM Parece muito bonito e há uma bela vista da floresta daqui.

HOWARD Sim, eu gosto de sentar na varanda e tomar uma xícara de café quando o tempo está bom.

ADAM Como está o sofá? É confortável.

HOWARD Sim, parece um pouco desatualizado, mas é confortável. Na verdade, é um sofá-cama. Ótimo para quando amigos ou parentes ficam.

ADAM Ah bom. E me disseram que o apartamento tem TV a cabo. Isso está certo?

HOWARD Muitas séries e filmes internacionais são transmitidos na TV aqui, mas todos estão disponíveis apenas com áudio em inglês.

ADAM Que pena.

SRA. JACKSON Você estará muito ocupado estudando e conhecendo novos amigos para assistir TV.

ADAM É verdade. Eu posso assistir a programas no meu laptop de qualquer maneira. Howard, você pode me ajudar a conectar ao Wi-Fi?

HOWARD Claro. O nome da rede é Netzgear 3000 e a senha é "nodding dog", mas com números e letras.

ADAM Haha, legal. Eu amo aqueles cachorros. Eu tenho um no meu carro. Como se escreve isso?

HOWARD N maiúsculo e depois 0-d-d-1-n-g-d-0-g.

ADAM Ok, obrigado. Estou conectado no meu telefone. Vou conectar no meu laptop mais tarde.

HOWARD Ah, devo dizer-lhe que o telefone ao lado do espelho no corredor só pode fazer chamadas com um cartão telefônico.

ADAM Sem problemas. Eu não vou usá-lo de qualquer maneira. Posso usar os aplicativos no meu smartphone se precisar conversar com alguém.

HOWARD Finalmente, aquele é o meu quarto ali. Você está no quarto número dois. A última porta à esquerda.

ADAM E onde posso lavar minhas roupas? Há uma máquina de lavar?

HOWARD A máquina de lavar e a secadora ficam no porão. Eu vou te mostrar um pouco mais tarde. Tudo bem?

ADAM Sim, ainda não tenho nenhuma roupa suja.

HOWARD Sintam -se em casa. Por favor, desculpe- me, tenho um teste importante amanhã para o qual devo estudar. Foi um prazer conhecê-la, Sra. Jackson. Até logo, Adam.

ADAM Obrigado Howard. Até mais. Mãe, vamos levar as malas para o meu quarto.

SRA. JACKSON Seu quarto é bom. Uma cama, um guarda-roupa, uma escrivaninha e uma cadeira. O que mais você precisa?

ADAM Talvez uma cômoda. Oh espere, existem algumas gavetas dentro do guarda-roupa.

SRA. JACKSON Bom. Coloque as cuecas e as t-shirts nas gavetas e pendure as camisas e calças, para não ter de as passar a ferro.

ADAM Não há cabides suficientes, então também vou guardar minhas calças em uma das gavetas com meus shorts.

SRA. JACKSON Você deve limpar as gavetas antes de colocar qualquer peça de roupa.

ADAM Eles já parecem bastante limpos. Vamos apenas começar a descompactar.

SRA. JACKSON Ok. Aqui estão suas camisetas e camisas pólo. Vou pendurar suas camisas.

ADAM Obrigado. Vou colocar de lado todo o resto. Você vê um bom espaço para minha bagagem?

SRA. JACKSON Que tal embaixo da cama? Parece que vai caber.

ADAM Boa ideia.

SRA. JACKSON Aqui, eu comprei para você uma festa de inauguração presente. É apenas um roupão de banho.

ADAM Você não precisava me comprar nada. Muito obrigado.

SRA. JACKSON Eu sei que não preciso. Eu queria. Você é meu filho.

ADAM Eu adoro isso. É muito útil; especialmente até o tempo mais quente chegar.

SRA. JACKSON Exatamente. Você pode me dizer que horas são agora?

ADAM São duas e meia. A que horas você vai encontrar o tio Robert?

SRA. JACKSON Temos uma reserva às 17h. Vou ligar para ele quando chegar ao restaurante. Eu gostaria de comprar um presente para ele com antecedência, então vou embora agora.

ADAM Ok, diga ao tio Robert que mandei um alô.

SRA. JACKSON eu vou. Aqui está algum dinheiro para comprar o jantar para você e Howard. Ele deve conhecer os melhores lugares para comer na cidade. Venha me dar um abraço.

ADAM Obrigado. Talvez ele tenha planos, mas vou perguntar a ele. Até mais.

Chapter 3

O bonde

Mais tarde naquele dia, Adam e Howard estão conversando no apartamento.

HOWARD Está tudo em ordem no seu quarto?

ADAM A janela está quebrada. Eu não posso abri-lo.

HOWARD Sim, eu sei. Foi-me dito que será reparado em breve.

ADAM E eu quero um travesseiro extra. Onde posso comprar um?

HOWARD Algumas lojas no centro da cidade vendem travesseiros, mas são um pouco caros.

ADAM Já são oito horas. As lojas ainda estão abertas?

HOWARD Infelizmente não. A maioria das lojas fecha antes das oito horas. Se tiver tempo outro dia, vá ao IKEA. Eles têm muitas roupas de cama e outros artigos para casa por bons preços.

ADAM Nunca comprei nada na IKEA. Como eu chego lá?

HOWARD Eu também quero comprar alguma coisa de lá, para podermos ir juntos. Preciso de uma nova luminária de mesa. Talvez quarta-feira à noite?

ADAM Isso soa bem. A que horas a loja fecha às quartas-feiras?

HOWARD Acho que fica aberto até as 21h. Vamos jantar lá antes de fazermos compras.

ADAM Ótimo. Estou ansioso para isso.

HOWARD Falando em jantar, estou com fome. Vamos comer.

ADAM Boa ideia. Onde vamos comer? Em um restaurante?

HOWARD Iremos jantar a um restaurante de tapas no centro da cidade.

Adam e Howard saem do apartamento e caminham até a parada do bonde.

ADAM Eles servem comida vegetariana lá?

HOWARD Sim, naturalmente. Existem muitos pratos diferentes sem carne.

ADAM Excelente. Eles vendem cerveja? Estou ansioso para tomar minha primeira cerveja inglesa na Inglaterra.

HOWARD Pago-te a tua primeira cerveja. Você prefere beber cerveja clara ou escura ?

ADAM Não tenho preferência. Se você tem uma cerveja favorita, então eu vou tentar isso.

HOWARD Há uma cerveja clara que eu gosto. É feito aqui localmente em Nottingham. Também é vendido em garrafas se quiser beber em casa.

ADAM Parece bom. Eu gostaria de experimentá-lo fresco antes de experimentá-lo em casa. Você sai com frequência?

HOWARD Não com tanta frequência. Às vezes vou ao cinema com amigos ou comemos algo no apartamento um do outro. Não posso me dar ao luxo de sair bebendo o tempo todo.

ADAM Eu não saio para beber em Taipei. As pessoas de lá preferem beber chá ou ir ao mercado noturno para comer comida de rua.

HOWARD É mais fácil para você economizar dinheiro lá então. Quando é seu aniversário ?

ADAM Farei vinte e um anos no dia vinte e nove de abril.

HOWARD Ah, então você faz vinte e um anos enquanto está aqui no Reino Unido

ADAM Exatamente. Quantos anos você tem?

HOWARD Tenho vinte e quatro anos. Meu aniversário foi em janeiro. O décimo primeiro.

ADAM Você fez algo especial no seu aniversário?

HOWARD Nada de especial. Jantei com minha família e amigos em casa. Foi um pouco chato. Temos que fazer uma festa para o seu vigésimo primeiro.

ADAM Claro. Mal posso esperar. É o nosso bonde chegando agora?

HOWARD Sim, é nosso. O bom é que o bonde é muito frequente, então nunca é preciso esperar muito.

ADAM Ah, esqueci de comprar uma passagem antes de entrarmos. Serei pego e terei que pagar multa ?

HOWARD Não entre em pânico. Vamos comprar o bilhete rapidamente na máquina de bilhetes. Mais tarde, você deve comprar um ingresso semestral para estudantes porque é mais barato do que comprar um ingresso único todas as vezes.

ADAM Nossa, vale muito a pena então.

HOWARD Mas você não pode comprá-lo até obter seu cartão de estudante na orientação na segunda-feira. Por enquanto, adquira um único ingresso. Aqui, eu vou te mostrar como comprá-lo. Clique aqui para o bilhete único. Você está pagando em dinheiro ou no cartão?

ADAM Vou tentar meu cartão. Se não funcionar, pago em dinheiro. Então, eu insiro meu cartão aqui? Onde insiro o número do PIN?

HOWARD No teclado, aqui. O bilhete é impresso e sai na parte inferior. Não se esqueça do seu recibo.

ADAM Ah, entendo. É melhor guardar o bilhete na carteira, para não o perder.

Adam e Howard estão conversando no bonde.

HOWARD Com licença. Esta cadeira está livre?

PASSAGEIRO Sim, por favor, sente-se.

HOWARD Obrigado. Você senta na janela, para poder ver um pouco da cidade enquanto viajamos.

ADAM Ok, obrigado. Quantas paradas até sairmos?

HOWARD Apenas seis paradas. Levará cerca de dez minutos para chegar ao centro da cidade.

ADAM Não é muito longe. O metrô em Taipei é rápido, mas ainda leva muito tempo para chegar aonde você está indo. E não há nada para ver pela janela.

HOWARD O sistema de bonde aqui é conveniente e limpo. Também funciona até tarde todas as noites para as pessoas que voltam do pub para casa.

ADAM Talvez precisemos dele se ficarmos fora até tarde.

HOWARD Não tenho planos para amanhã.

ADAM Veja se gostamos da primeira cerveja e depois decidimos.

Chapter 4

A primeira cerveja

Adam e Howard chegam ao bar de tapas, mas há um problema.

HOWARD Este é o restaurante de tapas que eu queria trazer para você.

ADAM Muito legal. Eu teria passado direto pela entrada se você não tivesse me dito que era aqui.

HOWARD Sim, não é óbvio do lado de fora. Vamos percorrer e ver o que queremos comer.

ADAM Tantas opções. Tudo cheira muito bem. Não sei se conseguirei decidir apenas uma coisa.

HOWARD Então pegue um monte de coisinhas.

ADAM Há uma mesa para nos sentarmos?

HOWARD Não, a área de estar está totalmente cheia. Não é uma boa hora para vir aqui. Temos que esperar por uma mesa.

ADAM Vamos procurar outro restaurante.

HOWARD Eu conheço um lugar próximo. Acho que os pudins de Yorkshire são os melhores de Nottingham. Muito crocante e ainda super úmido.

ADAM O que é um pudim de Yorkshire? Isso é um prato tradicional de Nottingham ?

HOWARD É da região norte da Inglaterra. Você pode encomendá-lo na maioria das cidades da Grã-Bretanha. É um pouco como uma panqueca em forma de xícara. Costumam ser servidos como acompanhamento de um jantar assado, mas você pode encomendá-los com diferentes recheios.

ADAM Isso parece delicioso. Eu gostaria de tentar isso. Vamos.

Adam e Howard chegam ao restaurante.

HOWARD Parece muito ocupado lá dentro. Precisamos sentar do lado de fora. Tudo bem?

ADAM Sim, tudo bem. Não está tão frio esta noite quanto pensei que estaria.

HOWARD Esta área é protegida do vento pelos edifícios circundantes. Além disso, eles têm os aquecedores do lado de fora. Olha, tem uma mesa ali.

ADAM Rápido, pegue antes que alguém apareça.

HOWARD Ah, perfeito. Bem embaixo do aquecedor e com uma bela vista da rua para ver as pessoas passarem. Aqui, pegue um menu.

ADAM Obrigado. Este lugar é muito bom. Ainda não me acostumei com a taxa de câmbio. Os preços aqui são bons?

HOWARD Sim, muito justo. Você ficará satisfeito com o que pedir.

ADAM Quero experimentar o pudim de Yorkshire com recheio de ensopado de carne, mas não gosto de comer muita carne.

HOWARD Você pode pedir o ensopado de carne e escolher a carne.

GARÇONETE Boa noite. Gostaria de pedir algo para beber primeiro?

HOWARD Gostaríamos de pedir algo para comer e beber. Para beber, duas canecas de Harvest Pale, por favor. Para comer, gostaria da sopa caseira e salada.

GARÇONETE E para você?

ADAM Eu gostaria do pudim de Yorkshire com ensopado de carne, por favor.

GARÇONETE Gostaria de mais alguma coisa?

ADAM Não. Isso é tudo, obrigado.

GARÇONETE Sem problemas. Tudo virá imediatamente.

ADAM Você pode me dizer onde fica o banheiro?

GARÇONETE Diretamente embaixo da escada ali.

ADAM Ótimo, obrigado.

GARÇONETE De nada.

Adam chega de volta à mesa. As bebidas já chegaram. Eles

começam a discutir as famílias um do outro.

HOWARD Parabéns pela sua primeira cerveja na Inglaterra. Saúde!

ADAM Saúde!

HOWARD O que você acha? Você gosta disso?

ADAM É um pouco estranho. Acho que não estou acostumado a beber cerveja. Tenho certeza que vou gostar antes de chegar ao fundo do copo.

HOWARD Então, por que sua mãe se mudou para Taiwan?

ADAM Ela conheceu meu pai em Taipei quando ela estava de férias. Seus pais são ingleses, mas ele nasceu e foi criado em Taiwan. Eles mantinham contato e se visitavam com frequência. Depois que se casaram, decidiram ficar em Taiwan e constituir família.

HOWARD Você tem irmãos e irmãs?

ADAM Não, sou filho único. E você?

HOWARD Eu tenho um irmão mais velho e duas irmãs mais novas. Todos eles ainda moram em Edimburgo, mas vêm nos visitar com frequência. Você tem parentes aqui em Nottingham?

ADAM Eu tenho um tio por parte de mãe. Ele tem duas filhas; meus primos. Eles têm 19 e 26 anos e ambos ainda moram em Nottingham. Tenho certeza de que você os conhecerá quando me visitarem em nosso apartamento.

HOWARD Eles são bonitos ?

ADAM Claro! Todo mundo é minha família é bonito! Mas a mais velha já é casada e tem um filho de 5 anos e uma filha de 9 meses.

O mais novo é aluno do primeiro ano da universidade. Você pode até tê-la visto no campus.

HOWARD Como ela é?

ADAM Ela é bem baixinha com olhos azuis e longos cabelos loiros, mas ela poderia ter pintado e cortado curto. Tenho certeza que muitas garotas se encaixam nessa descrição. Eu tenho uma foto no meu telefone. Espere e eu vou te mostrar.

HOWARD Uau, sim. Ela é linda!

ADAM E aqui está uma foto da minha outra prima com os filhos.

HOWARD Ela é muito bonita também. Deixe-me mostrar-lhe uma foto dos meus irmãos. Essa aqui é a Laura. Ela vem nos visitar no próximo mês por alguns dias.

ADAM Muito fofo. Estou ansioso para conhecê-la. Ela é solteira?

Chapter 5

A garota inglesa

Adam e Howard estão jantando quando ouvem duas mulheres conversando em inglês com sotaque chinês.

HOWARD Então, você não tem namorada em Taipei?

ADAM Não. Eu estava saindo com uma pessoa há alguns meses, mas ela se mudou para a Califórnia para estudar na Universidade de Stanford. Então, nós terminamos. Seu sonho é trabalhar no Vale do Silício.

GARÇONETE Está tudo bem?

HOWARD Não, a sopa não está quente o suficiente.

GARÇONETE Sinto muito. Deixe-me ir aquecê -lo. Eu vou trazê-lo de volta.

HOWARD Obrigado.

Você deveria falar com algumas garotas locais. As garotas ao nosso lado parecem chinesas, não é?

ADAM Acho que você está certo, embora eu não saiba dizer de que país eles são.

HOWARD Vou me apresentar.

ADAM Vá em frente. Boa sorte.

HOWARD Obrigado, eu preciso disso.

Com licença, você é chinês?

WINNIE Não, eu sou de Taiwan e Agnes aqui é de Hong Kong.

HOWARD Ótimo, meu amigo Adam aqui também é de Taiwan. Gostaria de se juntar a nós para uma bebida?

WINNIE Claro. Temos uma amiga que vem se juntar a nós em breve, então devemos deixar uma cadeira livre para ela quando vier.

HOWARD Sem problemas. Meu nome é Howard. Qual o seu nome?

WINNIE Sou Winifred, mas as pessoas me chamam de Winnie.

HOWARD Olá Winnie. E eu sei que você é Agnes. Olá.

ADAM Caso você não tenha ouvido, eu sou Adam. Prazer em conhecê-lo.

AGNES Igualmente. O que você está fazendo aqui em Nottingham? Você está apenas viajando?

ADAM Não, estou estudando aqui durante o semestre na universidade. Estou aprendendo sobre a história local e tentando melhorar meu péssimo inglês.

WINNIE Seu inglês é muito bom. É engraçado que somos falantes nativos de chinês e ainda assim estamos sentados aqui falando inglês.

HOWARD Quando em Roma, como dizem. Então, o que vocês dois fazem?

WINNIE Trabalhamos como au pairs para duas famílias locais. Para mim é uma chance de viajar pela Europa enquanto ganho dinheiro. Não é algo que eu queira fazer para o resto da minha vida.

AGNES O mesmo para mim. Amo viajar e sempre quis trabalhar com crianças. Pretendo largar meu emprego em breve e voltar para a universidade para estudar pedagogia.

HOWARD Por que você decidiu vir para a Inglaterra?

AGNES Meu pai é de Londres e ele me ensinou inglês desde que eu era jovem, então eu sabia que viria para a Inglaterra em algum momento para morar e trabalhar. Aí vem Emma. Ema!

EMMA Olá pessoal.

AGNES Estes são os nossos novos amigos. Este é Howard de Edimburgo e Adam de Taiwan.

EMMA Prazer em conhecê-lo.

WINNIE Você pode sentar ao lado de Adam e contar a ele tudo sobre Nottingham. Ele acabou de chegar hoje.

EMMA Oh, que adorável. Bem-vindo a Nottingham.

ADAM Obrigado. É bom estar aqui. Então, você mora aqui há muito tempo?

EMMA Só toda a minha vida. Além de minha viagem anual em família ao Lake District, nunca saí de Nottingham.

ADAM Ah, entendo. Você deve adorar isso aqui então.

EMMA Eu realmente quero. Mas sempre foi meu sonho morar na

Ásia.

Adam e Emma continuam conversando em particular enquanto os outros três conversam entre si.

EMMA E eu realmente amo filmes. Vou ao cinema pelo menos uma vez por mês.

ADAM Eu também adoro filmes. Você costuma sair com seu namorado?

EMMA Não, apenas com amigos. E eu não tenho namorado. O que sua namorada acha de você estudar no exterior por um semestre?

ADAM Eu não tenho namorada. Se eu tivesse um, acho que não iria querer deixá-la por três meses.

EMMA Ah, então você é um cara romântico?

ADAM Gosto de pensar que sou.

EMMA Minha mãe me alertou sobre caras como você.

ADAM Por quê? O que há de errado com o romance? Tenho certeza de que posso convencê -la de que um pouco de romance está bem.

EMMA Ela brinca que vou me apaixonar por alguém e quero fugir com ele. Acho que ela quer que eu viva em casa para sempre. Acho que você não tem chance de convencê-la. Mas você poderia ser amigo do meu pai. Ele adora conversar com estrangeiros. De qualquer forma, tenho que acordar cedo amanhã, então devo ir.

ADAM Talvez possamos nos encontrar novamente e você pode me contar mais sobre sua família. Se você tiver tempo, gostaria de almoçar comigo no próximo sábado?

EMMA Só nós dois? Claro, mas não posso almoçar. Estou ocupado até a noite.

ADAM Então, a que horas você está livre?

EMMA Estou livre depois das 19h.

ADAM Ok, encontro você na Old Market Square às 20h. É que ok para você?

EMMA Sim, tudo bem. Está tarde. Eu tenho que ir. Então, até sábado à noite.

ADAM Estou ansioso por isso. Até sábado à noite.

Chapter 6

A orientação

Adam está na universidade perguntando aos transeuntes como chegar à orientação.

ADAM Com licença. Estou tentando encontrar orientação para novos alunos. Você sabe onde é isso?

VELHO HOMEM Me desculpe, eu não sou um estudante aqui. Só entrei para usar o banheiro.

ADAM Ah, ok. Obrigado de qualquer maneira.

Com licença. Você sabe onde fica a orientação?

JOVEM MULHER Sim, eu mesma estava lá. Você vai direto por este corredor e então sobe as escadas à esquerda.

ADAM A escada no final do corredor ou a primeira escada a que chego?

JOVEM MULHER A escada no final. Podemos ir juntos se você quiser?

ADAM Não, não. Eu não quero incomodá -lo. Obrigado por sua ajuda, acho que posso encontrar o caminho.

JOVEM MULHER Não tem problema. Se você se perder, pode perguntar a alguém com um crachá.

Adam chega à orientação e conhece alguns alunos que estão ajudando os novos alunos com o registro.

ADAM Com licença, é aqui que devo registrar minha carteira de estudante e acesso à internet?

SARA É, é. Em que faculdade você estará?

ADAM Eu sou um estudante de intercâmbio neste semestre. Estou estudando história. Meu nome é Adam Jackson.

SARA Oi Adam. Eu sou a Sara. E este é Cameron. Eu configurarei seu acesso à Internet e Cameron ajudará você a coletar sua carteira de estudante.

CAMERON Olá Adam. Siga-me e vamos tirar uma foto sua para o cartão de estudante. Então, você está estudando história? Em que ano você está?

ADAM Este é meu segundo ano, mas só estou aqui neste semestre.

CAMERON Ah, sério? Eu estou estudando história no meu segundo ano também. Estaremos juntos em muitas das mesmas palestras.

ADAM Que bom. Você gosta de estudar aqui? É uma boa universidade?

CAMERON Eu adoro isso. Há uma grande vibração e os cursos são realmente interessantes. Vou apresentá-lo a alguns de nossos colegas mais tarde.

ADAM Mas eu pensei que as palestras só começariam na próxima semana?

CAMERON Isso mesmo, mas alguns de nós já estão aqui na cidade, então estamos almoçando juntos.

ADAM Parece bom.

CAMERON Ok, este é o lugar onde você tira sua foto. Você faz fila aqui e entrega seu papel de registro ao fotógrafo. Vou esperar ali. É lá que você retira sua carteira de estudante.

ADAM Vai demorar muito para conseguir o cartão?

CAMERON Não, é quase instantâneo. Você estará pronto em alguns minutos. É muito rápido.

FOTÓGRAFO Pode me dar seu papel de registro, por favor?

ADAM Claro. Aqui está.

FOTÓGRAFO Ok, fique ali atrás da linha azul e olhe para a câmera enquanto eu insiro seu ID de registro.

ADAM Que linha azul? Ah, entendi. Você tem um espelho?

FOTÓGRAFO Sim, há um à sua direita.

ADAM Ah, que bom que verifiquei. Meu cabelo está horrível. Está um pouco ventoso lá fora.

FOTÓGRAFO Você está pronto? Agora vou tirar sua foto. 1...2...3... sorria! Ok, seu cartão de estudante aparecerá na impressora em alguns segundos.

ADAM Bem aqui? Aqui está. Obrigado.

CAMERON Você deve verificar se os dados do cartão estão corretos.

ADAM Tudo parece bem. Embora, eu gostaria de poder refazer a foto.

CAMERON Não se preocupe, ninguém gosta da foto do cartão de estudante. Você deveria ver o da minha carteira de motorista. Parece que estou prestes a espirrar.

ADAM Haha, talvez minha foto não esteja tão ruim afinal.

CAMERON Vamos voltar para Sarah e obter seu nome de usuário da Internet e senha temporária.

ADAM Ok, claro.

CAMERON Sarah, o acesso à internet de Adam está pronto?

SARA Sim, tudo pronto para você Adam. Aqui você vai. Este aqui é o seu nome de usuário e senha temporária. Você pode alterar a senha na primeira vez que fizer logon. E na parte inferior está o endereço de e-mail da sua universidade.

ADAM Ótimo, obrigado. Você se importa se eu fizer login e alterar minha senha agora? Não quero tentar em outro lugar e depois ter que voltar para consertar.

SARA Sente-se. Deixe-me sair rapidamente e você poderá fazer login no meu computador.

ADAM Ok, então nome de usuário. E então senha. Nova Senha. Re-introduza a nova palavra-passe. Digitar. Ok, estou dentro. Muito obrigado. Você pode ter seu computador de volta. Desculpe pelo problema.

SARA Sem problemas. Basta sair, para que eu possa entrar novamente.

CAMERON Agora está tudo pronto. O que você tem que fazer agora?

ADAM Eu realmente quero ver mais do campus, então vou dar uma volta esta manhã.

SARA Boa ideia. Aqui, darei a você um mapa do campus para o caso de você se perder.

ADAM Obrigado. Isso é muito útil.

CAMERON E volte aqui por volta das 12 horas e junte-se a nós para o almoço.

ADAM Ok, eu vou. Vejo você então.

Chapter 7

Os novos amigos

Adam e seus colegas Cameron, Sarah, Gabriel e Lindsay estão almoçando juntos e conversando sobre seus filmes favoritos.

CAMERON Então, Adam, que tipo de filmes você gosta?

ADAM Eu amo comédias. O meu favorito é provavelmente *a Rádio Pirata*. A primeira vez que vi, ri tanto que chorei.

GABRIEL Oh, isso é um clássico britânico. Mas o filme tem um título diferente no Reino Unido. Chama-se *O Barco que Balançou*.

ADAM Uau, tão diferente do título taiwanês. Qual é o seu gênero de filme favorito?

CAMERON Também adoro comédias, mas prefiro filmes de ação. Qualquer coisa com armas e explosões.

GABRIEL Sim, cenas de explosão em filmes são incríveis. Quanto maior melhor.

SARA Ah, todos os meninos adoram filmes de ação estúpidos. Não há história alguma.

LINDSAY Concordo. Eles também nunca tiveram bons atores.

CAMERON Pelo menos algo está acontecendo na tela. Muito melhor do que um casal apenas conversando sobre seus sentimentos por duas horas.

SARA Eu não disse que gostava de filmes românticos. Só que os filmes de ação são idiotas. Se você quer saber, meu filme favorito é *The Shawshank Redemption* com Morgan Freeman.

ADAM Eu não conheço esse. Isso é bom?

SARA É o melhor filme de todos. Tenho certeza que você já viu. O personagem principal escapa da prisão.

ADAM Ah ok. Claro, eu conheço esse. Eu acho que é o favorito de muitas pessoas.

GABRIEL Tem um título diferente em Taiwan?

ADAM Em Taiwan, chama-se *1995: Fantastic.*

LINDSAY Uau, que título estranho!

GABRIEL Muito estranho. Embora Shawshank Redemption também não signifique nada até você assistir ao filme.

ADAM Exatamente. Algum de vocês foi ao cinema recentemente? Há alguns bons filmes sendo exibidos agora.

LINDSAY Eu fui na semana passada com minha irmã para ver o novo drama de Christopher Nolan. Ele é um diretor brilhante.

GABRIEL Diretores recebem muito crédito. Se a escrita for ruim, então não importa o que o diretor faça, ele não pode fazer o filme dar certo.

CAMERON Discordo. Digamos que haja dois filmes com bons escritores. Um tem um bom diretor e o outro tem um diretor ruim. Então será óbvio qual é o melhor filme.

GABRIEL Boa observação. Mas acredito que os atores são os fatores mais importantes para se fazer um bom filme.

SARA Sim, não vou assistir a um filme se a atuação for muito ruim. Eu até saí de um filme antes.

ADAM Qual é o nome do filme?

SARA Eu não vou dizer apenas no caso de você gostar. Não quero ofendê- lo.

ADAM Haha, sem problemas. Tenho certeza de que não ficaria ofendido. Gosto de muitos filmes que meus amigos odeiam e zombam de mim porque gosto deles.

GABRIEL Chega de filmes. Alguém viu o calendário deste semestre? Temos segundas e quintas totalmente gratuitas. É ótimo.

SARA Sorte sua. eu tenho aulas todos os dias, mesmo na segunda-feira tenho que vir só para uma hora de aula às 9h, depois fico livre o resto do dia. Acho que isso me dá um motivo para acordar na segunda-feira de manhã.

ADAM Oh, eu pensei que você estudava história também?

SARA Não, não. Minha especialização é matemática.

LINDSAY Eu amo que temos dois dias livres. Desculpe Sara. Mas isso significa que posso mudar meu horário de trabalho, então trabalho apenas oito horas, dois dias por semana, mais o fim de semana, em vez de quatro horas por dia, distribuídas em quatro noites.

CAMERON Você ainda está trabalhando na loja de brinquedos ?

LINDSAY Sim. Eu estava trabalhando em tempo integral durante o inverno. Estava tão ocupado com as pessoas enlouquecendo com as compras de Natal. Foi bom conseguir dinheiro extra.

ADAM Todos vocês têm empregos de meio período ?

GABRIEL Não. Eu toco guitarra em uma banda e às vezes fazemos shows no fim de semana. Com esses dois dias de folga posso praticar muito mais.

LINDSAY Além de estudar muito mais também. Chega de copiar minhas anotações como você fez no semestre passado. Certo Gabriel?

GABRIEL Naturalmente Lindsay. Mas suas notas são sempre tão boas. Você deveria estar lisonjeado.

CAMERON E você, Adam? O que você vai fazer com esses dois dias livres?

ADAM Eu realmente não esperava ter essa folga. Eu pensei que estaria ocupado na aula o tempo todo. Talvez eu também procure um emprego de meio período. Acho que não terei motivação para estudar se não tiver que vir para a universidade.

SARA É como eu. Se não estou aqui, não tenho vontade de estudar em casa. Acho que meu horário é melhor que o seu então.

GABRIEL Melhor se você for um nerd. Pior se você tiver uma vida social como eu. Nosso horário é bem melhor.

LINDSAY Não dê ouvidos a ele, Sarah. Ele só está com ciúmes porque você vai tirar notas muito melhores do que as dele.

GABRIEL Quem precisa de boas notas quando se é um astro do rock internacional?

LINDSAY Pff, você só escreveu duas músicas originais. Você canta principalmente músicas de outras bandas.

GABRIEL Bem, com os dois dias extras, posso escrever mais músicas. Mais músicas incríveis, devo dizer.

CAMERON Você poderia escrever uma música por semana e talvez sua banda possa gravar um álbum no final do semestre.

GABRIELA Exatamente. E vai se tornar um grande sucesso. Então veremos como as notas são importantes.

SARA Ok, vamos voltar à realidade. Vamos Cameron. Devemos voltar à orientação.

CAMERON Claro, Sarah. Adam, vamos nos encontrar novamente na quarta-feira para almoçar no Lace Market, se você quiser se juntar a nós?

ADAM Claro, parece ótimo. Vou para a biblioteca agora, então volto com vocês.

Chapter 8

A cidade de Nottingham

Adam e seus colegas estão andando pelo Lace Market no centro da cidade de Nottingham.

CAMERON Adam, você tem que experimentar os hambúrgueres daqui. Eles são os melhores.

ADAM Ah é? Que tipo eles têm?

CAMERON Recomendo o alemão com chucrute grelhado e mostarda por cima. Delicioso.

ADAM Legal, eu amo chucrute.

PRISHA Ei, desculpe, estou atrasada. Vocês já comeram?

GABRIEL Não, estávamos esperando por você. Este é Adam, nosso novo colega de classe neste semestre. Adam, conheça Prisha.

PRISHA Prazer em conhecê-lo Adam. Tenho certeza de que nos conheceremos mais tarde, mas agora estou morrendo de fome. Vamos comer.

CAMERON Eu estava dizendo a Adam qual hambúrguer é o melhor.

PRISHA Ah, entendo. Bem, vou pegar um hambúrguer de tofu.

ADAM Hmm, um hambúrguer de tofu soa bem.

CAMERON Adam, não. Você não está recebendo um hambúrguer de tofu em sua primeira visita ao Annie's Burger Shack. Você deve comprar um hambúrguer de verdade ou estará fora do grupo para sempre!

ADAM Uau, grupo difícil. Ok, então eu vou ter o alemão.

CAMERON Bom. Isso é um alemão para você e um clássico para mim. Lindsay, o que você está recebendo?

LINDSAY Ah, não consigo decidir. Talvez eu pegue apenas uma tigela de batatas fritas.

CAMERON Ok Adam, vamos pedir o nosso por enquanto. Lindsay e Gabriel ainda não decidiram e Prisha pode pedir ela mesma seu hambúrguer de papelão.

ADAM Não tenho dinheiro. Posso pagar com meu cartão?

CAMERON Fique com o seu dinheiro. é uma honra para presenteá - lo com seu primeiro hambúrguer do Annie's.

O grupo terminou o almoço e está prestes a entrar na igreja local.

PRISHA Hum. Eu amo o hambúrguer de tofu de lá.

ADAM Parecia gostoso. Talvez eu consiga isso da próxima vez.

PRISHA Eu recomendo. Então, você já esteve dentro desta igreja antes?

ADAM Ainda não. Passei por ele algumas vezes, mas não tinha certeza se estava aberto ao público.

PRISHA Posso estar errado, mas acho que está aberto o tempo todo. Lindsay, você sabe o horário de funcionamento da igreja?

LINDSAY Acho que está aberto durante o horário comercial normal. Então, talvez até às 17h. Pelo menos até as 15h, com certeza.

PRISHA Desde que esteja aberto agora, isso é o principal.

ADAM Sim, mal posso esperar para ver se é tão bonito por dentro quanto por fora.

GABRIEL Vou abrir a porta para todos vocês. Em que você vá. Idade antes da beleza.

LINDSAY Vamos. Seu aniversário é um dia depois do meu.

GABRIEL Sim, mas receio que o ditado signifique que ainda temos que entrar de acordo com a idade e a beleza, com a mais jovem e bonita no final, eu!

LINDSAY Desculpe Adam. Aposto que você gostaria de nunca ter nos conhecido.

ADAM Tudo bem. Eu estou a divertir-me. E a igreja é muito legal. É difícil acreditar na quantidade de trabalho que foi necessário para construir algo assim e, em seguida, todos os pequenos detalhes são simplesmente perfeitos.

CAMERON Eu amo especialmente todos os vitrais. Você nunca poderia adivinhar o quão incrível eles estavam olhando do lado de fora.

ADAM Eu deveria ter trazido minha câmera.

CAMERON Basta usar o do seu telefone.

ADAM Ah, quero dizer minha câmera profissional. Teria capturado perfeitamente a luz ambiente aqui.

GABRIEL Bobagem. Eu tenho um aplicativo no meu telefone que pode adicionar filtros às fotos. Olhe aqui. Você vê?

ADAM Legal. Mas duvido que fique bom no computador. Uau, esses órgãos são impressionantes. É incrível que eles possam ser instalados de uma forma única assim. Parece moderno, apesar de provavelmente ter centenas de anos. Com certeza voltarei aqui com minha câmera.

O grupo deixou a igreja e está caminhando pela Praça do Mercado Velho.

CAMERON Está vendo aquela fonte ali?

ADAM Percebi isso no fim de semana passado, mas era noite e não havia água dentro dele.

GABRIEL Você pode beber dele. Vá em frente.

PRISHA Não dê ouvidos a ele Adam. Ele é um idiota.

CAMERON Ele tem razão. As fontes aqui foram usadas para beber água em um ponto. Estava em nosso livro didático.

PRISHA Você não gostaria de beber deles hoje em dia. Muito sujo. Agora eles são basicamente apenas uma atração turística.

LINDSAY No verão, você vê crianças e cachorros brincando com eles.

PRISHA Sim, eles têm aqueles barquinhos com os quais as crianças brincam. Olhe ali, aquele garoto de jaqueta azul tem um.

ADAM Ah, sim, entendo o que você quer dizer. Espero que ele não caia, a água provavelmente está congelando.

CAMERON Sua mãe não é de Nottingham, Adam? Ela não te contou sobre esta fonte ou te mostrou fotos?

ADAM Ela não disse nada sobre isso. E eu nunca perguntei. Mas estou feliz por não ter perguntado, porque assim posso descobrir tudo por mim mesmo. Como esta linda fonte.

LINDSAY E há uma superstição de que se você cair acidentalmente nesta fonte, você se casará com um local.

GABRIEL Eu ouvi isso também. Quanta bobagem! Se você conhece a superstição e acidentalmente caiu na fonte, então você pode simplesmente evitar as mulheres de Nottingham.

LINDSAY Acho que você deve ter muito cuidado para não cair na fonte. Seria uma pena para um nottinghamiano ficar preso a você!

Chapter 9

A loja de departamentos

Depois do almoço, Adam vai à loja de departamentos em busca de um travesseiro. Uma vendedora se aproxima e se oferece para ajudar.

VENDEDORA Bom dia. Posso ajudar?

ADAM Bom dia. Você poderia me dizer quanto custa esta almofada? Não consigo encontrar a etiqueta de preço.

VENDEDORA Claro. Aquele custa noventa e cinco libras e noventa e nove pence.

ADAM Uau, quase cem libras por um travesseiro. Porque é que isso custa assim tanto?

VENDEDORA Não é tanto. Na verdade, é um dos nossos modelos de gama média.

ADAM Ok, mas o que há de tão especial nisso?

VENDEDORA É preenchido com penas de ganso europeu e o exterior é feito de algodão 100% orgânico.

ADAM Mas este aqui também diz que tem penas de ganso e é orgânico, mas custa setenta e nove libras.

VENDEDORA A diferença é a contagem de threads. Quanto maior a contagem de threads, mais caro será.

ADAM Acho que isso não importa para mim. Eu só quero algo que seja firme.

VENDEDORA Bem, você tem que considerar o conforto. Afinal, você dormirá nele por cerca de oito horas todas as noites.

ADAM Sim, mas cem libras ainda é um grande investimento.

VENDEDORA Ok, então qual é o seu orçamento?

ADAM Eu esperava comprar algo por cerca de vinte libras.

VENDEDORA Nosso modelo mais básico custa vinte e quatro libras e noventa e nove pence. É feito de penas e materiais sintéticos.

ADAM Você poderia me mostrar?

VENDEDORA Claro, aqui está.

ADAM Oh, nem vem em uma bolsa protetora. Está apenas solto na prateleira. Acho que muita gente já tocou.

VENDEDORA Claro. Mas eu não recomendaria este travesseiro de qualquer maneira. Embora seja barato, não fornecerá o suporte que você está procurando.

ADAM Não acho barato, mas parece barato. E não é nada firme como você disse.

VENDEDORA Não, nós não vendemos muitos desses. Deixe-me mostrar-lhe um modelo melhor que está à venda no momento.

ADAM Isso seria ótimo, obrigado.

VENDEDORA Este aqui custava sessenta e duas libras agora apenas quarenta e nove libras e cinquenta pence.

ADAM Ah ok. Isso não é muito desconto. Você tem algo que foi reduzido ainda mais?

VENDEDORA Sim, há mais um que eu conheço. Este aqui está com quarenta por cento de desconto. Agora apenas quarenta e quatro libras.

ADAM Ok, e vejo que também tem penas de ganso e algodão orgânico. Isso não é apenas uma característica de todos os seus travesseiros?

VENDEDORA Nem todos. Temos almofadas de espuma que se moldam à forma da sua cabeça.

ADAM Hmm, isso soa bem. Já ouvi falar desses, mas nunca experimentei nenhum. Você os recomenda?

VENDEDORA Sim, eu faço. Eu pessoalmente não uso um, mas já ouvi muitos comentários positivos de pessoas que usam.

ADAM E por quanto você os vende?

VENDEDORA Nossa coleção de almofadas de espuma começa em 23 quilos.

ADAM São apenas quinze libras a mais do que o travesseiro com desconto. Posso ver?

VENDEDORA Aqui está, mas não posso deixar você tirar da bolsa. Você pode tocar neste modelo de exibição.

ADAM Ah, sim, isso é bom e firme.

VENDEDORA E deve manter esse nível de firmeza durante toda a vida útil do produto.

ADAM Isso é bom. Embora eu esteja apenas ficando durante o semestre e duvido que o leve para casa comigo. Mas se eu pago tanto por um travesseiro, talvez eu deva levá-lo para casa.

VENDEDORA Sim, é uma boa ideia. Se você quiser, posso levar este aqui para o caixa para você e você pode pagar depois de terminar a compra?

ADAM Um momento. Eu tenho uma pergunta. Posso experimentar o travesseiro por algumas noites e depois devolvê-lo se não for adequado ?

VENDEDORA Os itens devem ser devolvidos em sua condição original para troca.

ADAM Sim, mas posso ser reembolsado mesmo usando o travesseiro?

VENDEDORA Para uma troca, receio que você teria que devolver o travesseiro enquanto ainda está na bolsa e não foi usado.

ADAM Ok, isso não parece justo. Além disso, não receberia meu dinheiro de volta, teria que trocar. Isso está certo?

VENDEDORA Sim, está correto. Mas então você pode ir para o outro travesseiro com as penas. Então, devo colocar isso no caixa para você?

ADAM Eu gostaria de pensar um pouco mais sobre isso.

VENDEDORA Não espere tanto porque a venda pode acabar. É melhor comprar agora.

ADAM Na verdade, vou procurar mais e depois volto, ok?

VENDEDORA Quando você vai voltar?

ADAM Não tenho certeza, talvez mais tarde ou outro dia.

VENDEDORA Ok, sem problemas. Quando você voltar, pergunte por Sandra.

ADAM Ok, mas não tenho certeza de quando ou se voltarei. Obrigado pela ajuda. Adeus.

Chapter 10

O primeiro encontro

É sábado à noite e Emma apareceu 20 minutos atrasada para seu encontro com Adam.

EMMA Desculpe estou atrasado. Havia muito tráfego.

ADAM Não tem problema. Eu não estava esperando por muito tempo. Espere; você não pegou o bonde?

EMMA Ok, você me pegou. Na verdade, demorei muito para me preparar. Como vai você?

ADAM Estou bem, obrigado. E você?

EMMA Tudo bem também.

ADAM Erm, você tem um restaurante em mente que gostaria de comer?

EMMA Na verdade não. Não estou com tanta fome.

ADAM Ok. Ouvi falar de um lugar que faz todos os tipos de tortas, se você quiser experimentar ?

EMMA Claro. O que você quiser está bom para mim.

ADAM Ok, vamos. Acho que é só aqui embaixo. Você está muito bonita esta noite.

EMMA Na verdade não. Eu apenas joguei algo.

ADAM Mas esse vestido realmente combina com você. Eu gosto disso. E de onde você tirou esse colar ?

EMMA Foram as minhas avós. Ela me deu no meu aniversário de dezoito anos.

ADAM Que bom. Sua avó ainda mora em Nottingham?

EMMA Sim, eu a visito o tempo todo. É muito divertido conversar com ela. Oh, você estava pensando neste lugar? Eu estive aqui apenas uma vez antes. Será bom experimentar outro prato da ementa desta vez.

ADAM Ótimo. Fico feliz que tenha gostado e não se importe de voltar. Aqui, deixe-me abrir a porta para você.

EMMA Que cavalheiro!

Adam e Emma se sentaram e estão olhando o cardápio.

ADAM Então, o que você conseguiu da última vez?

EMMA Encomendei o especial da casa. Por dentro, ensopado de carne e purê de batata.

ADAM Oh, isso parece gostoso. Eu estava pensando sobre o havaiano. Eu amo abacaxi.

EMMA Boa escolha. Acho que também gostaria de experimentar um que não vem com molho desta vez. Talvez a erva italiana com tomate e queijo cheddar.

ADAM Oh sim, eu também considerei isso. Por que não pegamos a erva havaiana e a italiana e depois as compartilhamos? Você fica com metade da minha e eu fico com a sua.

EMMA Ok, combinado. E espero que você possa ajudar a pegar algumas das minhas fichas. Acho que não consigo comer tanto.

ADAM Claro que posso ajudar. Então, eles dão grandes porções aqui?

EMMA Não especialmente grande, mas grande demais para mim. Eu normalmente não como tanto. estou tentando perder peso.

ADAM Você não precisa se preocupar. Você tem um ótimo corpo. Er, quero dizer que você não é gordo de jeito nenhum.

EMMA Haha, obrigado. Você só está dizendo isso para ser legal.

ADAM Não, sério. Suas roupas se encaixam perfeitamente em você. Seu vestido esta noite é muito bonito.

EMMA Sim, você já disse isso.

ADAM Bem, é verdade.

EMMA De qualquer forma, chega de falar de mim, vamos chamar a garçonete.

ADAM Haha, ok. Lá vem ela agora.

EMMA A propósito, você está linda esta noite também.

ADAM Obrigado.

Após a refeição, Adam e Emma estão conversando do lado de fora do restaurante.

ADAM É uma boa noite. Eu acompanho você até em casa.

EMMA Tem certeza? É na direção oposta da sua casa. Eu posso apenas pegar o bonde.

ADAM Não tem problema. De qualquer forma, quero garantir que você chegue em casa em segurança.

EMMA Ah, então você acha que pode me proteger?

ADAM Claro que posso. Eu vou para a academia, você sabe. Bem, pelo menos estou planejando ir para a academia.

EMMA Ah, então talvez seja eu quem precise te proteger.

ADAM Ok, você pode me levar para casa primeiro então. Só brincando. É assim?

EMMA Sim, desço esta rua e então é uma estrada reta para o meu apartamento. está bem escuro no entanto, você precisa que eu segure sua mão até chegarmos lá?

ADAM Haha, talvez.

EMMA Ah, não se preocupe. É uma área legal. Nada vai acontecer.

ADAM Vamos dar as mãos de qualquer maneira. Mesmo que seja apenas para equilibrar.

EMMA Uau, que romântico. Você não consegue se equilibrar sozinho?

ADAM Eu te disse, só estou planejando ir para a academia. Eu ainda não comecei. Olhe, veja o que acontece quando você não segura minha mão.

EMMA Ah, sim, entendo. Cuidado com o passo, você não quer entrar acidentalmente na fonte.

ADAM Que fonte? Uau!

EMMA Cuidado!

Bonus

Adam envia um e-mail para seu pai contando o que ele fez na semana passada.

Para: m.jackson@internet.com
Assunto: Minha primeira semana em Nottingham

Oi pai,

Como estou na Inglaterra, escreverei para você em inglês. Cheguei! Foi uma ótima semana. Eu me dou muito bem com meu novo colega de apartamento, Howard. Ele é de Edimburgo. Fomos jantar na minha primeira noite e comi pudim de Yorkshire. Estava uma delícia. Você teria adorado. E bebi minha primeira cerveja inglesa. A cerveja inglesa é incrível. Acho que você já sabia que eu te contaria isso!

Meus colegas são muito legais. Caminhamos juntos por Nottingham e eu realmente os conheci. Pretendo ir à academia com um deles e ele diz que vai me ajudar a ganhar massa. Eu também conheci uma garota inglesa. O nome dela é Ema. Tivemos um encontro ontem à noite e espero vê-la novamente no próximo fim de semana. Ela me contou muito sobre Nottingham. Mal posso esperar para descobrir mais sobre esta cidade com ela. Queria tirar uma foto com ela no jantar, mas estava me divertindo tanto que esqueci.

Ouvi dizer que as pessoas na Inglaterra às vezes são rudes, mas todos foram muito amigáveis. Não sei de onde tiraram essa reputação. Porém, fui comprar um travesseiro na loja de departamentos e a vendedora foi muito insistente. Mas acho que isso é normal para vendedores em qualquer lugar, não apenas na Inglaterra. De qualquer forma, Howard e eu vamos para a IKEA na próxima semana e comprarei um travesseiro de lá. Na próxima semana, também vou com a mamãe ver meus padrinhos, então deve ser divertido.

O que você tem feito? Você está sozinho aí sem mim e mamãe ou você gosta de ter a casa toda só para você?

Amor,
Adam

Chapter 11

O primeiro dia do semestre

Adam está em uma palestra aprendendo sobre a história de Nottingham.

PROF. MACBRIDE Nottingham foi fundada no século VII e era conhecida como a Cidade das Cavernas.

ADAM Psst Cameron, o que significa cavernas ?

CAMERON Ele quer dizer que Nottingham tem muitas moradias subterrâneas.

ADAM Ah, então as pessoas aqui costumavam esculpir casas no subsolo?

CAMERON Exatamente.

PROF. A MACBRIDE Nottingham University foi a primeira faculdade cívica de Nottingham; abriu no centro da cidade em 1881. Mas foi apenas três anos após a segunda guerra mundial que a universidade realmente se tornou notável. Alguém pode me dizer por que isso é notável? Sim, você na primeira fila. Qual o seu nome por favor?

HANNAH Meu nome é Hannah Schofield.

PROF. MACBRIDE E você pode me dizer, Srta. Schofield, por que 1948 foi um ano especial para nossa universidade?

HANNAH É quando a universidade pode finalmente conceder diplomas?

PROF. MACBRIDE Correto. A universidade cresceu rapidamente depois de passar por alguns momentos infelizes nos anos anteriores, como tenho certeza de que todos sabem.

TIMOTHY Professor MacBride, aconteceu alguma coisa com a universidade durante a Segunda Guerra Mundial ?

PROF. MACBRIDE E seu nome é?

TIMOTHY É Timothy Jensen.

PROF. MACBRIDE Bem, Sr. Jensen. A cidade de Nottingham foi bombardeada muitas vezes. Mas houve dois dias de ataques muito graves em 8 e 9 de maio de 1941. Alguém gostaria de contar ao público sobre esses ataques? Sim, você na parte de trás. Por favor, diga seu nome e depois conte-nos o que você sabe.

ADAM Meu nome é Adam Jackson. Não sei nada sobre danos à cidade durante este ataque, mas ouvi dizer que os britânicos criaram alguns desvios que salvaram muitas pessoas.

PROF. MACBRIDE Obrigado, Sr. Jackson. E isso é um sotaque chinês que detecto?

ADAM Sim, eu venho de Taipei.

PROF. MACBRIDE Bem, Sr. Jackson, você está correto. Incêndios foram acesos em campos no norte da cidade para desviar o exército alemão das áreas residenciais. Sim, a pessoa sentada ao lado do Sr. Jackson. Você tem algo a acrescentar ?

CAMERON Sim, professor. Ouvi dizer que duas vacas e várias galinhas perderam a vida. Oh, desculpe, meu nome é Cameron, Cameron Delacroix.

PROF. MACBRIDE Uma triste perda, de fato. Obrigado por essa trivialidade, Sr. Delacroix. Como costuma acontecer na guerra, criar desvios pode reduzir significativamente as baixas. Refiro-me a baixas humanas, é claro. Estudaremos mais sobre esse fenômeno neste semestre. Alguém sabe qual é a população de Nottingham hoje?

HANNAH São cerca de 100.000?

TIMOTHY Eu diria que é mais de 150.000.

PROF. MACBRIDE Não é bem assim. Alguém mais gostaria de adivinhar? Sim, você com a camisa rosa.

PING Meu nome é Ping Dong. É meio milhão?

PROF. MACBRIDE Obrigado Sr. Dong. Também não está correto. Ok, pessoal, levantem a mão se acham que são mais de 300.000. E agora menos de 300.000. Ok, bom, as pessoas que disseram menos que estão corretas.

TIMOTHY Sr. MacBride, acabei de pesquisar online e diz que são cerca de 290.000 pessoas.

PROF. MACBRIDE Ah, tecnologia. Isso é correto Sr. Bensen.

TIMOTHY É Jensen, Sr. MacBride.

PROF. MACBRIDE Não, eu procurei por você online e diz Bensen. Portanto, a internet está correta, não você. Estou brincando, claro. Eu só quero deixar claro que você não deve confiar 100% em tudo que lê na internet. É importante que você estude os livros de história real na biblioteca para passar neste curso.

Mais tarde, Adam e Cameron estão discutindo a palestra do professor MacBride.

ADAM Essa foi uma palestra interessante. Acho que agora estou ainda mais orgulhoso de estudar aqui nesta universidade.

CAMERON Eu também. E o que você acha do professor MacBride?

ADAM Eu gosto dele. Ele tem um bom senso de humor.

CAMERON Você entendeu tudo o que ele disse?

ADAM Havia algumas palavras que eu não entendia, mas não muitas.

CAMERON Você sempre pode perguntar a mim ou a um dos caras se não souber nenhuma das palavras. O professor tem um vocabulário amplo e gosta de usar palavras complicadas.

ADAM Sim, ele tem. Na verdade, eu esperava entender menos, então fiquei surpreso com o quanto entendi.

CAMERON Pelo menos ele fala claramente. E você foi capaz de entender o humor dele. Então isso é impressionante.

ADAM são importantes na linguagem. Eu odiaria ser o único a não rir.

CAMERON Bem, esperemos que todos os nossos cursos sejam tão interessantes quanto este. O que você tem agora?

ADAM Estou livre por uma hora, depois tenho uma palestra sobre a sociedade inglesa antes da Primeira Guerra Mundial. E você?

CAMERON Vou à biblioteca agora para ver se eles têm aquele livro recomendado pelo professor. Espero que alguém ainda não tenha pego.

ADAM Tenho certeza de que eles têm muitas cópias de todos os livros recomendados. Mas talvez eu deva ir com você agora ou então serei o único que não entenderá.

CAMERON E se nenhum de nós conseguir uma cópia, então vamos procurar tudo online, certo!?

ADAM Haha, sim. O professor MacBride certamente ficará orgulhoso de nós se fizermos isso!

Chapter 12

O jantar em família

Adam e alguns de sua família estão jantando juntos na casa do avô de Adam.

SRA. JACKSON Pelo amor de Deus, Marie, olhe quanta comida você fez. Somos apenas cinco. Como vamos comer tudo isso?

TIA MARIA Oh, não é nada mesmo. De qualquer forma, Adam parece muito magro. Ele precisa comer comida caseira mais nutritiva.

SRA. JACKSON Isso é verdade. Deus sabe o que ele come quando está na universidade com seus amigos.

ADAM Eu como saudável o tempo todo. Mas isso parece ótimo tia Marie.

SRA. JACKSON Parece mais gostoso do que a comida que eu faço para você?

ADAM Claro que não mamãe, a sua é a melhor.

SRA. JACKSON Você tem que dizer isso, mas obrigado mesmo assim.

TIO ROBERT Não seja educado. Comece a comer.

TIA MARIA Espere um pouco. Antes de comermos, vamos tirar uma foto de família em volta da mesa. Quem sabe quando você e Adam voltarão e nos visitarão novamente.

SRA. JACKSON Adam, sente-se ao lado do vovô na frente.

VÔ HAMILTON Os homens bonitos na frente, certo Adam?

ADAM Exatamente vovô.

TIO ROBERT Eu deveria sentar na frente também.

TIA MARIA Sonhe com Robert! Você fica na parte de trás com sua irmã e eu. Ok, a câmera está pronta.

SRA. JACKSON Você não pressionou o cronômetro. Como você vai tirar a foto?

TIA MARIA Meu telefone está conectado a este controle remoto via Bluetooth. Eu só preciso apertar este botão no controle remoto e meu telefone tira a foto.

SRA. JACKSON Oh, que inteligente!

TIA MARIA Todos sorriem. Vou pegar alguns e excluir os ruins mais tarde. Vovô, vou imprimir uma boa para você e colocar em uma moldura, ok?

VÔ HAMILTON Ótimo. Não tenho nenhuma foto minha e do meu neto juntos.

TIO ROBERTO A comida está esfriando, vamos comer. Aqui Adam, pegue uma salsicha.

ADAM Obrigado, tio Robert. Você pode passar as batatas?

TIO ROBERT Claro. Então, você já conheceu alguma garota inglesa?

TIA MARIA Não se preocupe com isso. O que você acha de Nottingham? É lindo né?

ADAM Muito lindo. Mais do que eu esperava.

TIA MARIA Farei com que seus primos entrem em contato com você e lhe mostrem o lugar.

VÔ HAMILTON O que você acha da linguiça? É saboroso? É melhor que salsicha taiwanesa?

ADAM Definitivamente muito melhor do que em Taiwan. O estilo taiwanês não pode ser comparado.

TIO ROBERTO Fico feliz em ouvir isso. Dig dentro Pegue quantos quiser.

SRA. JACKSON E esse molho? Você mesmo fez ou é de um pacote?

TIA MARIA Vovô conseguiu. É uma receita secreta de família.

SRA. JACKSON Por que você não me ensinou a receita, pai?

VÔ HAMILTON Quero que a receita fique na Inglaterra. Se você se mudar para cá permanentemente Adam, então eu vou te ensinar. Isso é um acordo?

ADAM Haha, vovô muito tentador.

TIO ROBERTO Agora você tem outro motivo para encontrar uma namorada em Nottingham.

SRA. JACKSON É muito cedo para pensar em namoradas. Concentre-se em concluir seus estudos, então você pode começar a namorar.

TIA MARIA Exatamente. Eu disse a mesma coisa para Lisa. Eu não acho que ela me escuta embora. Ela sai com as amigas o tempo todo, então tenho certeza que ela namora.

TIO ROBERTO Desde que ela não traga nenhum menino para casa.

TIA MARIA Ela tira boas notas, então não nos importamos que ela passe o tempo com os amigos. Coma Adam. Há muito para todos. Pegue o quanto quiser.

ADAM Obrigado Tia Maria. Na verdade, estou ficando cheio.

TIA MARIA Lembre-se de guardar espaço para o crumble de maçã e o creme.

VÔ HAMILTON Sempre há espaço para crumble de maçã e creme.

TIO ROBERTO Seu avô sempre diz que tem estômago extra especialmente para a sobremesa. Você gosta de comida doce?

ADAM Eu amo isso. As sobremesas aqui são incríveis. Muito mais doce que as sobremesas taiwanesas.

TIA MARIA Fico feliz que você tenha dito isso porque o crumble é especialmente doce.

ADAM Ótimo. Sempre quis experimentar um autêntico crumble de maçã da Inglaterra.

SRA. JACKSON Nenhum para mim. Não tenho feito nada além de comer desde que cheguei aqui na semana passada. Preciso fazer dieta ou ficarei gorda demais para entrar no avião.

TIO ROBER T Talvez apenas um pequeno pedaço para você também, Adam. Garotas não gostam de caras com barriga gorda. Eles preferem um cara com um tanquinho.

VÔ HAMILTON Apenas faça o que eu fiz. Encontre uma mulher bonita enquanto estiver em forma e magro. Então, depois de casar, você pode comer quanto bolo quiser.

SRA. JACKSON Pai, não seja tão grosseiro.

VÔ HAMILTON Não era só eu. Sua mãe também engordou!

Chapter 13

O ginásio

Adam liga para Emma para contar como ele se divertiu no encontro e se ela gostaria de vê-lo novamente no fim de semana.

ADAM Oi Emma, aqui é Adam.

EMMA Oi Adam, bom ouvir de você!

ADAM Eu só queria ligar e dizer que me diverti muito com você no jantar.

EMMA Eu também me diverti. Obrigado por me levar a esse restaurante.

ADAM E eu queria saber se você gostaria de dar uma volta por Nottingham comigo no sábado? Se você estiver livre, é claro.

EMMA Eu adoraria me juntar a você e mostrar minha cidade. Poderíamos trazer almoço e fazer um piquenique no parque?

ADAM Sim, é uma ótima sugestão. Vamos fazê-lo.

EMMA Ok, ótimo. A que horas você quer se encontrar?

ADAM Eu estava pensando talvez por volta das 10 horas.

EMMA Seja qual for a melhor hora para você. Estou livre o dia todo.

ADAM Então temos toda a manhã e toda a tarde juntos.

EMMA Dez seria perfeito. Na Praça do Mercado Velho?

ADAM Ah, sim. Vamos nos encontrar lá.

EMMA Existe alguma coisa que você não gosta de comer? Eu estava pensando que podemos trazer sanduíches e bolos.

ADAM Isso soa bem. Eu gosto de todas as comidas e adoro bolo. Posso trazer as bebidas. Que tal água para o passeio e chocolate quente para o almoço?

EMMA Oh, chocolate quente é perfeito para um piquenique no parque. Boa ideia.

ADAM Oh, meu amigo acabou de chegar. Nós vamos para a academia juntos agora. Mas te vejo no sábado às dez, ok?

EMMA Ok. Vejo você no sábado. Vá construir alguns músculos, você precisa deles. Tchau.

ADAM Haha, obrigado. Tchau.

CAMERON Ei, como vai?

ADAM Sim, bom. E você?

CAMERON Nada mal. Você está pronto para um treino difícil hoje?

ADAM Eu nasci pronto.

ADAM Vamos, você pode fazer mais dois.

CAMERON Não, meus braços estavam ficando muito cansados. Preciso diminuir o peso para minha próxima série.

ADAM Esta é a minha última série nesta máquina e depois vou trabalhar nos meus ombros. Eu pareço muito magro.

CAMERON Acho que você está bem. Talvez mais alguns quilos, só isso. Você precisa de ajuda neste conjunto?

ADAM Sim, vou tentar fazer 12 repetições, então você provavelmente terá que me ajudar com as últimas.

CAMERON Ok, sem problemas. Você ainda está usando 65 quilos para este conjunto?

ADAM Não, acho que vou descer para 55 porque quero completar este conjunto de pulldowns lentamente. Ouvi dizer que essa é a melhor maneira de construir músculos. Ok, preciso de ajuda com isso.

CAMERON Sem problemas. Verei quantos você pode fazer e depois ajudarei quando vir que está lutando.

ADAM Ok, obrigado.

Ufa, essa foi difícil. Meus antebraços estão mortos. Eu te ajudo nessa se você quiser.

CAMERON Não, acho que consigo porque vou baixar o peso para 40 quilos. Você pode ir e começar na pressão do ombro.

ADAM Vou esperar até que você termine, então iremos juntos. Olha aquele cara ali. Ele é enorme.

CAMERON Sim, eu o vi no semestre passado fazendo flexões de pino como se não fossem nada. Foi impressionante.

ADAM Acho que não gostaria de ter esse tamanho.

CAMERON Não se preocupe, isso levaria muitos anos e muitas drogas.

ADAM Não vale a pena. Falando em suplementos, você bebe proteína em pó?

CAMERONI comprava proteína bem barata na internet, mas assisti um documentário sobre isso. Depois de assistir, percebi que o que comprei provavelmente era inútil e não era saudável.

ADAM Então, você não leva nada depois da academia?

CAMERON Na verdade, eu faço meu próprio shake de proteína. Tem frutas e sementes e manteiga de amendoim. É muito saudável, tem mais proteína do que os pós e tem um sabor fantástico. Farei um extra para você na próxima vez.

ADAM Legal, obrigado. Eu só trouxe uma salada de atum comigo.

CAMERON Bom. Acho que a proteína natural dos alimentos é a melhor maneira de obter sua proteína.

ADAM Concordo. Ok, vamos terminar com esta máquina. Não se esqueça que seu telefone está no chão.

CAMERON Ei, isso me lembra. Eu ouvi você no telefone mais cedo dizendo algo sobre sábado. Você estava falando com uma garota? Você tem um encontro?

ADAM Sim, fomos jantar no fim de semana passado. Estamos nos vendo novamente neste fim de semana.

CAMERON Ah ha, então é por isso que você quer ganhar massa. Você quer impressioná-la.

ADAM Haha, não. Meu charme e boa aparência são suficientes. Para ser honesto, nós realmente nos demos bem e acho que isso pode se tornar um relacionamento sério.

CAMERON Mas você mora em Taipei e dizem que relacionamentos à distância nunca funcionam.

ADAM Eu ouvi isso também. Mas ela me disse que adoraria morar na Ásia, então quem sabe o que o futuro trará.

Chapter 14

A novela

Adam entra na sala e percebe Howard assistindo TV.

ADAM O que é isso que você está assistindo?

HOWARD Não ria. Esta é uma novela inglesa que assisto todas as manhãs.

ADAM Por que eu iria rir, vovó Howard? Então, sobre o que é o show?

HOWARD Haha, bem esse casal aqui está noivo mas a mulher está apaixonada pelo irmão dele. Ela já beijou o irmão, mas o noivo não sabe.

ADAM Um triângulo amoroso. Que original!

HOWARD Exatamente. O show se passa em um hotel cinco estrelas. Esse cara aqui é o gerente, mas ele sofreu um acidente e agora não se lembra da esposa nem dos filhos.

ADAM Até agora há um caso e perda de memória. Vou adivinhar que uma mulher no programa está grávida, mas ela não sabe quem é o pai.

HOWARD Não, você está errado. Ela já deu à luz e descobrimos quem era o pai na semana passada depois que fizeram um teste de DNA. O namorado dela não é o pai.

ADAM Então eu estava certo sobre o enredo, apenas no momento errado. Tenho certeza que alguém vai engravidar em breve.

HOWARD E alguém vai morrer na mesma hora. Uma morte sempre ocorre pouco antes de um novo nascimento.

ADAM O que fez você começar a assistir a esse programa?

HOWARD Minha mãe assiste todos os dias, então eu sempre assisto com ela enquanto tomo café da manhã.

ADAM E quando você saiu de casa?

HOWARD Cinco anos atrás.

ADAM Então você tem assistido voluntariamente nos últimos cinco anos?

HOWARD Na verdade, há outra novela que é transmitida antes desta todas as manhãs. Eu observo os dois.

ADAM Ambos ambientados em um hotel?

HOWARD Não. O outro se passa em uma cidade perto de Manchester. Também tem um hotel, mas a cidade inteira é destaque no programa.

ADAM Então você pode visitar o set e todos os lugares que você vê na série?

HOWARD Eu não gosto muito do programa. Parece um lugar legal para se visitar.

ADAM Você não gostaria de conhecer as estrelas do show?

HOWARD Eu não sou um perseguidor. Assisti-los na TV é o suficiente.

ADAM Não é chato ver as mesmas histórias repetidas vezes sem conta?

HOWARD De jeito nenhum. É o que o público quer.

ADAM É verdade. Tem que ser histórias que as pessoas esperam, ou não vão mais assistir.

HOWARD Neste show, eu gosto que os personagens sejam críveis, mas dramáticos.

ADAM Você quer dizer que eles são mais comuns, pessoas comuns?

HOWARD Exatamente. E novos personagens se juntam ao show o tempo todo e sempre há atrizes atraentes, especialmente esta na tela agora.

ADAM E qual é a história dela? Ela é a gêmea perdida de alguém?

HOWARD Bom palpite, mas não. Ela acabou de chegar na cidade e quer trabalhar no hotel como camareira. Acho que vai ser amor à primeira vista com o barman do hotel.

ADAM Sim, e então ele vai se apaixonar pela melhor amiga dela e então esse será o próximo triângulo amoroso.

HOWARD Hmm, talvez você devesse ser o escritor do programa.

ADAM Muito chato.

HOWARD Se é tão chato, então por que você está sentado aqui comigo assistindo?

ADAM Estou apenas tentando melhorar meu inglês. A propósito, o que o namorado fez quando descobriu que o bebê não era dele? Ele lutou com o outro cara?

HOWARD Ah, agora você quer saber mais! Ela ainda não contou a ninguém. Além disso, o namorado dela está preso por assassinar o homem com quem ela estava dormindo, mas ele não fez isso.

ADAM O quê?!

HOWARD Espere. Fica melhor. Na verdade, foi sua mãe quem fez isso por ele.

ADAM Acho melhor assistir com você. Apenas para a prática de inglês.

HOWARD Ok, eu acredito em você, mas milhares não acreditariam.

ADAM A que horas é o show todos os dias?

HOWARD O primeiro começa às seis e meia e dura quarenta e cinco minutos e depois começa logo depois por mais quarenta e cinco minutos. Normalmente faço meu café da manhã antes de eles começarem e depois os observo enquanto como.

ADAM É um bom começo de dia. Mas não tenho certeza se consigo acordar tão cedo.

HOWARD Agora você tem um bom motivo para acordar cedo.

ADAM Vou precisar dormir mais cedo então. Mas isso é impossível, a menos que eu compre um travesseiro novo. Preciso de algo firme.

HOWARD Oh, estou livre hoje à noite, se você ainda quiser ir ao IKEA comigo?

ADAM Com certeza. Estou animado para ver como é e espero comprar um bom travesseiro dentro do meu orçamento.

HOWARD Tenho certeza que sim. Esta noite, você terá um bom sono. E então vejo você amanhã cedo para assistir suas novas novelas favoritas comigo.

ADAM Não vamos contar a mais ninguém que assistimos novelas juntos.

HOWARD Concordo. Não queremos que nos chamem de "as duas avós".

Chapter 15

A loja IKEA

Adam e Howard chegaram à IKEA e estão andando pela loja.

ADAM Este lugar é legal. Não acredito que nunca fiz compras na IKEA antes. Para que servem essas flechas no chão?

HOWARD Eles orientam você pela loja para garantir que você veja tudo. Você não precisa segui-los, mas nós iremos, já que você nunca esteve aqui antes. Podemos andar rapidamente porque as coisas que queremos comprar estão lá embaixo.

ADAM Há outro nível lá embaixo! Legal!

HOWARD O restaurante fica neste nível, então quando terminarmos este nível estaremos prontos para comer.

ADAM Este display diz que tem quarenta metros quadrados. Você sabe o que é isso em pés?

HOWARD Eu diria pouco mais de 400 pés quadrados.

ADAM Uau, isso é minúsculo. Como eles conseguiram encaixar todos esses móveis neste pequeno apartamento e torná-lo bonito? Adoraria morar em um apartamento assim.

HOWARD Não é nada especial. Só tem o essencial e nada mais. Por exemplo, uma cama e um guarda-roupa, um sofá e uma TV e uma cozinha equipada.

ADAM É perfeito para um estudante, se preferir morar sozinho.

HOWARD Acho que combina melhor com um velho casal de aposentados. Tudo está à mão. Se fosse um aluno, eles não poderiam convidar ninguém. Não há espaço para mais de dois convidados.

ADAM Bom ponto. Mas não acho que os velhos gostariam desse estilo moderno. Ei, parece a mesa da nossa sala.

HOWARD Essa é a mesa da nossa sala de estar. Ajudei a construí-lo quando o proprietário o comprou há alguns anos.

ADAM Oh sim, você mesmo tem que construir algumas das coisas daqui.

HOWARD Você tem que construir cada peça de mobília que comprar aqui, até mesmo um sofá.

ADAM Um sofá?! Como diabos pessoas normais podem construir um sofá?

HOWARD Provavelmente não é tão difícil quanto você pensa. Eles fornecem instruções claras e tenho certeza de que um sofá não tem tantas partes separadas.

ADAM Acho que é mais fácil carregar até o seu apartamento se estiver em pedaços menores.

Adam e Howard estão sentados no restaurante da IKEA conversando sobre a comida.

HOWARD Ah, você tem as almôndegas suecas. Boa escolha.

ADAM Não pude resistir. Eles cheiravam muito bem. O que você conseguiu?

HOWARD Eles têm uma oferta especial para salmão, então eu entendi.

ADAM Eu vi o anúncio disso, mas não o vi no balcão. Nunca experimentei almôndegas assim.

HOWARD Eles não os vendem em Taipei?

ADAM Apenas as almôndegas de estilo italiano.

HOWARD Você sabia que eles vendem almôndegas congeladas aqui? Você pode comprar alguns quando estivermos saindo e cozinhá-los em casa algum dia.

ADAM Sério? Eu definitivamente estou comprando-os. Posso cozinhá-los com macarrão.

HOWARD Foi o que eu fiz, mas cansei de comer aquele prato tantas vezes. Estou dando uma pausa nas almôndegas por um tempo. Ficou tentado pelo bolo?

ADAM Eu pensei sobre isso, mas eu não deveria comer comida açucarada tão tarde. Por que você não conseguiu um?

HOWARD Pelo mesmo motivo das almôndegas. Eu como bolo toda vez que venho aqui, e sempre comi pelo menos dois de cada vez. Eu estava ficando muito gordo.

ADAM Eu posso ter um da próxima vez. Qual é o seu bolo favorito?

HOWARD Eu gosto mais do bolo de cenoura, mas muitas vezes também compro uma salada de frutas, já que é barato.

ADAM Que fruta eles têm?

HOWARD Todos os tipos, mas tento encher a tigela com o máximo possível de abacaxi.

ADAM Caesar e salada de frutas. Estou começando a achar que você realmente está comendo muitas almôndegas e bolos.

HOWARD Eu disse a você. Eu tenho que comer mais saudável por um tempo. Mas não se preocupe, quando eu enjoar de saladas, vou comer bastante almôndegas e bolos de novo.

Adam e Howard terminaram de comer e estão no andar de baixo olhando os travesseiros e as luminárias.

ADAM Acho que vou levar este. Atende às minhas necessidades: firme e barato.

HOWARD Você não quer um travesseiro de espuma? Ouvi dizer que eles são os melhores.

ADAM Aquela vendedora insistente já me contou tudo o que eu preciso saber sobre travesseiros. Eu decidi que o preço é a coisa mais importante para mim.

HOWARD Que vendedora?

ADAM Fui à loja de departamentos no centro da cidade e ela continuou tentando me vender um travesseiro caro mesmo depois que eu disse a ela meu orçamento.

HOWARD Provavelmente porque eram de alta qualidade. Lembre-se que você precisa comprar uma fronha.

ADAM Ah, sim. Eu esqueci disso. Você pode ir até as lâmpadas e eu te alcanço. Vou procurar uma fronha barata.

HOWARD Ok, claro. Já vi o que quero online, por isso serei rápido. Se você não me vir nas lâmpadas, estarei no departamento de fábrica.

ADAM Você está comprando algumas plantas para o seu quarto ou apartamento?

HOWARD Para o meu quarto. Comprei alguns muito bons há alguns meses, mas já parecem mortos.

ADAM Eu também não consigo manter as plantas vivas. Talvez eu compre algumas plantas para o meu quarto também. Talvez eu tenha mais sorte em mantê-los vivos na Inglaterra.

HOWARD Achei que você só precisava regá-los e eles cuidariam de si mesmos.

ADAM E alguns precisam de luz solar. Mas apenas a quantidade certa. Muito ou pouco e eles morrerão.

HOWARD Talvez você simplesmente não tenha falado com eles o suficiente.

ADAM Você fala com suas plantas? Meus pais pensariam que eu estava louco se me ouvissem conversando com as plantas.

HOWARD Em vez disso, cante para eles. Então seus pais vão pensar que você está apenas cantando.

Chapter 16

As compras no supermercado

Adam e sua mãe chegaram ao supermercado local para comprar mantimentos.

SRA. JACKSON O que você está comprando?

ADAM Quero comprar aveia para o café da manhã, mas não sei do que mais preciso.

SRA. JACKSON Apenas aveia? Isso não vai ter um gosto muito bom. Que tal mel ou frutas secas?

ADAM Sim, foi isso que eu quis dizer. Aveia e todas as outras coisas que vou adicionar.

SRA. JACKSON Você deveria ter feito uma lista. É fácil esquecer de comprar as coisas que você queria comprar e depois comprar coisas que não precisa.

ADAM Normalmente procuro apenas produtos frescos que estão em oferta naquele momento.

SRA. JACKSON Você não precisa de pão e leite e carne e macarrão e arroz? E talvez produtos de higiene pessoal ou de limpeza também?

ADAM Sim, pretendo apenas andar por toda a loja e pegar o que preciso quando vejo.

SRA. JACKSON Mas se você planejar suas refeições com antecedência, saberá o que comprar e não gastará demais. Além disso, você não vai ficar em casa pensando no que fazer com os ingredientes que comprou.

ADAM É assim que eu compro em casa e nunca foi um problema. Desde que eu tenha aveia em casa no café da manhã, posso pensar nas outras refeições mais tarde.

SRA. JACKSON Ok então.

ADAM Vou pegar uma cesta de compras.

SRA. JACKSON Melhor pegar um carrinho de compras, para que você possa pendurar sua bolsa nele em vez de carregá-lo e suas compras. Aqui estão cinquenta pence para o carrinho de compras.

ADAM Obrigado. De volta em um segundo.

Aqui estão seus cinquenta pence de volta. Leva apenas uma moeda de uma libra.

SRA. JACKSON Apenas mantenha. Estou tentando me livrar das minhas moedinhas antes de voltar para casa. Deixe-me colocar minha jaqueta no carrinho de compras. Ok, então quais vegetais você quer?

ADAM Com certeza vou comprar cenouras e tomates. Estão em oferta no momento. Cebola também.

SRA. JACKSON E a batata doce?

ADAM Eu gostaria de comprá-lo, mas é um pouco caro. Batatas normais são baratas. Tenho que comprar em saco de 3kg? Acho que não consigo terminar todos enquanto ainda estão frescos.

SRA. JACKSON Essas batatas custam apenas £ 1,99 por quilo. Quantos você quer?

ADAM Hmm, estranho. O preço do quilo ainda é mais caro que a saca de 3kg. Vou comprar o saco grande.

SRA. JACKSON Você sempre pode compartilhá-los com Howard.

ADAM Acho que são vegetais suficientes para alguns dias. Essas bananas parecem boas. Acho que vou pegar alguns para um lanche na universidade.

SRA. JACKSON Olhe para as maçãs. É compre um, ganhe outro grátis.

ADAM Mas aí eu vou ter que comer 2kg de maçãs. A menos que eu os compartilhe com Howard também.

SRA. JACKSON Talvez vocês dois devam fazer compras juntos no futuro.

Adam e sua mãe estão no caixa pagando suas compras.

COMPRAR ASSISTENTE Você esqueceu de pesar essas bananas e colocar um adesivo na sacola.

ADAM Ah, desculpe. Eu não sabia que precisava.

COMPRAR ASSISTENTE Você ainda os quer?

ADAM Sim, devo voltar rapidamente para pesá-los?

COMPRAR ASSISTENTE Não, não. Por favor, use a balança logo ali ao lado do checkout 3 e volte.

ADAM Ok, de volta em um minuto.

OK. Aqui você vai. Não sabia que você tinha que fazer isso sozinho aqui. Por que você não me contou?

SRA. JACKSON Eu também não sabia. Nunca me pediram para pesar frutas e vegetais. Geralmente eles fazem isso no caixa.

COMPRAR ASSISTENTE Nem todos os supermercados fazem isso no caixa. Alguns você tem que fazer isso sozinho. Mas não é um problema se você esquecer. Há sempre uma balança por perto.

ADAM Bom saber.

COMPRAR ASSISTENTE Você tem um cartão de fidelidade?

ADAM Não, o que é isso?

COMPRAR ASSISTENTE É um cartão de fidelização de clientes. Você pode usá-lo em muitas lojas locais para acumular pontos. Os pontos podem então ser trocados por crédito na loja para economizar dinheiro em suas compras.

ADAM Acho que não vou ficar aqui tempo suficiente para acumular pontos suficientes.

COMPRAR ASSISTENTE Seu total é £ 23,45. Como você gostaria de pagar?

ADAM Com cartão por favor.

COMPRAR ASSISTENTE Gostaria de algum dinheiro de volta?

ADAM Hmm, talvez eu devesse. Posso conseguir 40€ por favor?

COMPRAR ASSISTENTE OK. Basta inserir seu cartão na parte inferior e inserir seu PIN.

ADAM Eu espero que isso funcione.

COMPRAR ASSISTENTE Retire seu cartão. Gostaria do recibo?

ADAM Não, obrigado.

SRA. JACKSON Você deve sempre levar o recibo.

ADAM Ok, então, sim, por favor me dê o recibo.

COMPRAR ASSISTENTE E aqui estão os seus £40. Tenha um bom dia.

ADAM Obrigado. Você também. Tchau.

Chapter 17

A madrinha

Adam e sua mãe estão visitando a madrinha de Adam.

SRA. BLACK Uau, olha a altura de você. Eu não posso acreditar o quão alto você é. Eles devem estar te alimentando bem em Taiwan. A última vez que te vi, você só estava até aqui. Qual a sua altura agora?

ADAM Eu tenho 180cm. Não é tão alto.

SRA. JACKSON Na verdade, ele é um dos menores de sua classe. Sempre foi desde o berçário.

SRA. BLACK Bem, você ainda é muito alto para mim. Você se lembra de mim?

ADAM Na verdade. Quantos anos eu tinha?

SRA. BLACK Foi na festa do seu quinto aniversário. Voamos para Taipei só para te ver.

ADAM Tudo o que me lembro daquela festa é que meu melhor amigo me deu uma calculadora de presente.

SRA. JACKSON Isso é tudo que você lembra? Nem o palhaço nem o bolo de aniversário?

ADAM Nada. Apenas a calculadora.

SRA. BLACK Ainda me lembro daquele palhaço. Ele era muito bom. Não foi um dos seus vizinhos?

SRA. JACKSON Sim. Sr. Huang do outro lado da rua.

ADAM Velho Sr. Huang! Mas ele odeia crianças. Ele estava sempre nos repreendendo por jogar hóquei na rua.

SRA. JACKSON Ele estava apenas tentando protegê-lo de ser atropelado por um carro. Morávamos em uma rua muito movimentada na época.

ADAM Não me lembro de estar tão ocupado. Nosso bairro era tão quieto. Fiquei feliz por termos nos mudado antes de eu começar o ensino médio.

SRA. BLACK Grandes memórias. Você acredita que já se passaram 15 anos desde que nos vimos?

SRA. JACKSON Eu sei. Tem sido muito tempo.

SRA. BLACK Você sabia que sua mãe e eu nos víamos todos os dias quando éramos adolescentes?

ADAM Sim, ela disse que vocês eram melhores amigos. E é por isso que ela pediu para você ser minha madrinha.

SRA. BLACK Ela me apresentou ao meu marido. Ele inicialmente queria namorar sua mãe, mas ela disse a ele para me convidar para sair.

SRA. JACKSON Eu sabia que vocês dois eram uma combinação melhor. Eu sonhava em viajar pelo mundo, então não queria um namorado.

SRA. BLACK Bem, você estava certo. A propósito, quando você disse que viria, olhei algumas de nossas fotos antigas. Aqui está uma de mim e sua mãe indo para a discoteca.

ADAM Haha, mãe, olhe para o seu penteado.

SRA. JACKSON Essa era a tendência na época. Tenho certeza de que seus filhos vão olhar para as fotos suas e rir.

SRA. BLACK E aqui está um de nós no mercado de Natal. Isso foi um dia depois que meu marido pediu em casamento e estávamos comemorando com cidra quente.

ADAM Vocês dois parecem muito felizes. Seu marido está no trabalho agora?

SRA. BLACK Sim, ele trabalha como bombeiro. Nossos dois filhos também trabalham como bombeiros, mas em estações diferentes.

ADAM Excelente. Quantos anos eles tem?

SRA. BLACK Alan tem 31 anos e John tem 29.

ADAM Eles são casados?

SRA. BLACK John se casou com sua namorada do colégio quando tinha 18 anos e eles têm três filhos lindos. Alan era casado, mas eles se divorciaram recentemente. Eles dividem a guarda da filha.

SRA. JACKSON E você? Como você está aproveitando a aposentadoria?

ADAM Oh, você está aposentado? Onde você trabalhou antes?

SRA. JACKSON Ela era uma gerente de banco.

SRA. BLACK Isso mesmo. Assim que as crianças começaram a creche eu fui trabalhar no banco e fiquei lá por mais de 25 anos.

ADAM Não sabia que a idade de aposentadoria na Inglaterra era tão baixa.

SRA. BLACK Não é. Decidi me aposentar cedo e fazer aulas de arte.

SRA. JACKSON Isso me lembra que marquei uma hora no banco para você falar com um representante da seguradora.

ADAM Eles sabem para que serve a consulta?

SRA. JACKSON Sim, o representante Sr. Booth explicará tudo para você.

SRA. BLACK Oh, esta foto é engraçada. Esta é sua mãe depois que ela quebrou o espelho enquanto fazia uma parada de mão.

SRA. JACKSON Aquele espelho era uma antiguidade. Seu avô ficou furioso. Este é um bom exemplo de por que você precisa de um seguro de responsabilidade civil.

ADAM Seu seguro pago para consertar o espelho

SRA. JACKSON Não tínhamos seguro. É por isso que ele estava furioso.

SRA. BLACK Eu me lembro. Ele geralmente ria das coisas malucas que fazíamos, mas ele estava com muita raiva dessa vez.

SRA. JACKSON Ele sempre diz que é anticristão ficar com raiva.

SRA. BLACK Sim, eu me lembro dele dizendo isso. Você vai à igreja, Adam?

ADAM Não. Eu costumava ir à igreja todas as semanas quando era jovem, mas agora só no Natal.

SRA. BLACK Meus filhos também não são muito religiosos. Nós os convidamos para ir à igreja todos os domingos, mas eles sempre têm desculpas.

SRA. JACKSON A geração mais jovem simplesmente não está interessada na igreja.

ADAM É difícil para mim acreditar em Deus quando estudo tanto sobre a história do mundo.

Chapter 18

O quadro de avisos

Adam e seus colegas estão olhando os avisos no quadro de avisos da universidade.

GABRIEL Ha, £ 200 por um violão G2000 de segunda mão. Você pode comprar um novo por menos do que isso. Quem colocou esse anúncio está sonhando.

CAMERON Diz £200 ou a melhor oferta. O vendedor colocou £ 200, mas provavelmente aceitará uma oferta por muito menos.

ADAM Gostaria de saber se é o mesmo para esta moto. Diz £ 450, mas não quero pagar tanto se estiver usando apenas por alguns meses.

GABRIEL É um bom modelo. Se funcionar, então é um bom preço. Os novos custam cerca de £ 1500.

CAMERON Acho melhor você ir ao mercado de bicicletas. Lá você pode experimentar diferentes motos e comparar preços.

ADAM Acho que você está certo. Não quero perder meu tempo nem o tempo do vendedor se ele não aceitar minha oferta.

GABRIEL Ainda não consigo acreditar no anúncio daquele violão.

CAMERON Não é tão estranho. Talvez ele tenha pago muito mais do que 200 libras.

GABRIEL Se ele conseguir £200 por aquele violão, então eu vou colocar um anúncio do meu velho violão por £500. As cordas estão quebradas, mas ainda é um modelo melhor do que aquele.

CAMERON Duvido que alguém compre um violão com as cordas quebradas por £500. Agora você está sonhando.

GABRIEL Veremos. Então, Adam, você está procurando uma bicicleta?

ADAM Estou pensando nisso. Seria bom pedalar pela cidade e na floresta.

GABRIEL Quando você conseguir um, me avise. Conheço algumas trilhas realmente emocionantes na floresta que podemos percorrer.

ADAM Ah, excelente. Com certeza comprarei um então.

CAMERON Então você precisa comprar uma mountain bike.

ADAM Bem, isso facilita a pesquisa quando vou ao mercado.

GABRIEL Enquanto isso, posso perguntar ao meu colega de apartamento se você pode usar a bicicleta dele, se quiser ?

ADAM Obrigado, mas não gosto de pegar coisas emprestadas de outras pessoas. Vamos esperar até eu comprar um para mim.

GABRIEL A oferta está aberta se você mudar de ideia.

CAMERON E você pode colocar um anúncio aqui para vendê-lo antes de voltar para Taipei.

GABRIEL E faça o preço muito mais alto do que você pagou.

ADAM Haha, talvez eu possa ganhar algum dinheiro.

CAMERON Falando em dinheiro, veja todos os anúncios de um professor de matemática. Como é que ninguém nunca precisa de um tutor para a história?

GABRIEL Eu sei. Professores de matemática podem ganhar muito dinheiro. Eu adoraria ganhar isso por algumas horas por semana.

ADAM Você não ganha muito pelos seus shows?

GABRIEL O dinheiro está ok, mas temos que dividir entre quatro membros da banda.

CAMERON Você é bom em matemática então, Adam? Você acha que poderia ser tutor de um aluno do ensino médio?

ADAM Não me lembro de nada da matemática que aprendi na escola. Embora, eu gostaria de ganhar um pouco de dinheiro extra enquanto estou aqui. Existem anúncios de empregos de meio período?

CAMERON Aqui está um para uma babá.

GABRIEL Haha, você é bom com crianças, Adam?

ADAM Vamos ignorar esse. O que mais está lá?

CAMERON Aqui está um para um call center. Diz £ 50 por hora.

GABRIEL Deve ser telemarketing.

ADAM Eu odeio quando as pessoas me ligam e tentam me vender alguma coisa, então eu não quero me tornar uma dessas pessoas. O que eles estão vendendo?

CAMERON Não diz.

GABRIEL Vou procurar o nome da empresa na internet.

O site deles diz que eles vendem seguros.

ADAM Esse é o pior tipo de operador de telemarketing.

CAMERON Não diz telemarketing. Pode ser outra coisa.

GABRIEL Por esse valor por hora, deve ser telemarketing.

ADAM Plus, não acho que meu inglês seja bom o suficiente para convencer alguém ao telefone a comprar um seguro.

GABRIEL Será uma boa prática melhorar.

CAMERON Hmm, não vejo nenhum outro trabalho aqui.

ADAM Acho que não há muitos empregos para estudantes em Nottingham.

CAMERON Não necessariamente. Este é apenas um quadro de avisos.

GABRIEL Muitos lugares costumam anunciar no jornal ou na vitrine se você quer trabalhar como vendedor.

CAMERON E você sempre pode perguntar ao centro de carreiras da universidade. Ou fale com o professor.

ADAM Por que falar com o professor?

CAMERON Ele conhece muitas pessoas em Nottingham e frequentemente recebe pedidos perguntando se algum de seus alunos está interessado em trabalhar.

GABRIEL Sim, ele até arrumou um emprego para mim e mais alguns para fazer uns trabalhos por alguns dias na prefeitura.

ADAM Ok, então vou perguntar se ele tem alguma oportunidade de trabalho em meio período.

Chapter 19

A livraria

No sábado, Adam e Emma estão passeando por Nottingham. Eles vão a uma livraria e falam sobre seus livros favoritos.

ADAM Não é um bom dia para passear.

EMMA Não, não está muito agradável lá fora hoje.

ADAM Meu aplicativo meteorológico diz que vai chover em breve. Eu gosto do inverno, mas às vezes fica muito frio e úmido.

EMMA Eu sei o que você quer dizer. Gosto tanto do inverno quanto do verão, mas ainda assim prefiro o frio do que o calor.

ADAM É exatamente assim que me sinto. Quando está frio, você pode simplesmente colocar roupas de inverno. Mas quando está muito quente, não há nada que você possa fazer. Exceto tirar todas as suas roupas, é claro.

EMMA Ha, acho que você seria preso por isso.

ADAM Depende de onde você faz. No meio da cidade não seria uma boa ideia.

EMMA Talvez seja melhor ficar em casa ou ir a uma loja com ar condicionado. Como uma livraria.

ADAM Boa ideia. Existem boas livrarias em Nottingham?

EMMA Sim, tem um aqui.

ADAM Ah sim. Vamos entrar antes que comece a chover. Aqui, deixe-me abrir a porta.

EMMA Em que tipo de livros você se interessa?

ADAM Além dos livros de história, gosto muito de autobiografias.

EMMA Eu também. Quero dizer, gosto de autobiografias, não de livros de história. Eu acredito que eles estão localizados no segundo andar. Este andar é apenas para romances de ficção.

ADAM Você não gosta de ficção?

EMMA Eu li muitos, mas só li alguns de que gostei. Você já leu *O Alquimista* ?

ADAM Sim, acho que todo mundo já leu esse. Minha ficção favorita é a trilogia de fantasia *O Senhor dos Anéis*. Além disso, *O Hobbit,* é claro. Você leu eles?

EMMA Não, eu vi os filmes, mas não sou tão fã de fantasia. O que é melhor, os livros ou os filmes?

ADAM Os livros são muito mais descritivos e têm mais personagens do que nos filmes, então eu gosto deles, mas os filmes são incríveis. O terceiro filme está entre meus três filmes favoritos de todos os tempos.

EMMA Existe algum livro que você tem vergonha de amar? Quero dizer, você ficaria envergonhado se alguém descobrisse que você gostou de um determinado livro?

ADAM Acho que você está me perguntando isso porque tem um do qual se envergonha.

EMMA Eu te conto o meu se você me contar o seu.

ADAM Haha, ok. Mas não ria. Eu realmente amo o livro *O Diário de Bridget Jones.*

EMMA *Diário de Bridget Jones!* Uau, eu não estava esperando isso.

ADAM É um best-seller. Isso significa que muitas pessoas adoram esse livro.

EMMA Sim, mulheres.

ADAM Bem, qual é o seu então?

EMMA Não é tão embaraçoso quanto o seu. Eu amo os livros de Harry Potter.

ADAM Por que você tem vergonha de amá-los? Muitos adultos e crianças adoram. Eu gostaria de não ter te contado o meu agora.

EMMA Não se preocupe, seu segredo está seguro comigo.

ADAM Ou simplesmente esqueça que eu disse aquele livro. Eu só estava brincando de qualquer maneira.

EMMA Acho que não. Acho que você realmente ama esse livro e provavelmente as sequências também.

ADAM Não vou responder a isso. Então você tem uma autobiografia favorita?

EMMA Haha, tentando mudar de assunto. Bem, não há um que se destaque como favorito. Costumo ler autobiografias de filósofos, mas gosto mais das de comediantes. Eles são mais divertidos de ler.

ADAM Às vezes, os comediantes têm as histórias de vida mais trágicas. E muitos cometem suicídio. Você sabe quem é Robin Williams?

EMMA Acho que não. Ele é americano?

ADAM Sim, ele era um comediante e estrela de cinema muito famoso. Ele inesperadamente cometeu suicídio em 2014.

EMMA Oh, que triste! Não, os comediantes de que gosto são todos ingleses. Suas vidas são mais parecidas com a minha, mas mais engraçadas. Acho que é por isso que gosto deles.

ADAM Ah, então talvez você possa me recomendar um quando chegarmos à seção de biografias lá em cima.

EMMA Claro, mas não acho que será em chinês. Você consegue ler livros em inglês?

ADAM Se estiver escrito em estilo coloquial, então devo ser capaz de fazê-lo.

EMMA Ok, ótimo, porque eu não acho que as piadas se traduziriam bem em chinês.

ADAM Se eu precisar de ajuda, então você pode vir e me ajudar.

EMMA Haha vamos ver. E você? Você tem uma autobiografia ou biografia favorita?

ADAM Meus favoritos são de conquistadores e exploradores famosos.

EMMA Então você quer dizer pessoas como Napoleão?

ADAM Sim, como Napoleão, mas também escritores modernos como Bill Bryson. Na verdade, ele também é um escritor engraçado. Você iria gostar dos livros dele.

EMMA Ok, você pode recomendar um dele para mim.

ADAM Você gostaria de ler em chinês ou em inglês?

EMMA Em inglês, claro. Ou você está se oferecendo para vir ao meu e me ajudar a ler a versão chinesa? Mas você deve saber, eu só gosto de ler na cama.

Chapter 20

O ônibus para o aeroporto

No ponto de ônibus, Adam se despede de sua mãe enquanto ela volta para Taiwan.

ADAM Tem certeza de que não quer que eu vá com você ao aeroporto?

SRA. JACKSON Sim, tenho certeza. Você provavelmente tem algum curso para fazer ou quer encontrar seus amigos.

ADAM Não, não tenho planos.

SRA. JACKSON Está tudo bem. Eu tenho uma revista, então não vou ficar entediado.

ADAM Então boa viagem. Avise-me quando chegar em segurança.

SRA. JACKSON eu vou. E você estuda muito e continua praticando seu inglês. Mas divirta-se muito também, é claro.

ADAM Eu vou. Já estou me divertindo muito.

SRA. JACKSON Sim, seu pai me disse que você conheceu uma garota.

ADAM Ele disse a você! Ele poderia pelo menos ter esperado até você chegar em casa.

SRA. JACKSON Bem, apenas fique seguro. Se você souber o que quero dizer.

ADAM Claro, mãe. Você não precisa dizer.

SRA. JACKSON Só estou me certificando. E entre em contato com seus primos. Eles estão ansiosos para conhecê-lo.

ADAM Estou ansioso para conhecê-los também. Vou enviar-lhes uma mensagem na próxima semana.

SRA. JACKSON Sim, não espere até o último minuto ou você estará muito ocupado com os exames e não terá tempo de cumpri-los.

ADAM Tenho certeza de que os verei nas próximas semanas.

SRA. JACKSON E vá visitar seu avô com frequência. Você pode nunca mais vê-lo depois de deixar a Inglaterra.

ADAM Eu vou. Ele pode realmente me ajudar com algumas tarefas sobre a história de Nottingham.

SRA. JACKSON Você pode agradecê-lo ajudando-o com a jardinagem. Ele é muito velho para acompanhar isso.

ADAM Claro, vou ajudá-lo com o que ele precisar.

SRA. JACKSON Bom menino. Tem certeza de que tem dinheiro suficiente?

ADAM Sim. Estou pensando em conseguir um emprego de meio período para ganhar uma mesada extra, mas tenho o suficiente para comprar as coisas de que preciso.

SRA. JACKSON Eu deixei um envelope com algum dinheiro dentro de seu laptop em seu quarto para você de qualquer maneira.

ADAM Mãe, você realmente não deveria. Mas obrigado.

SRA. JACKSON Bem, eu deveria entrar e encontrar um assento antes que o ônibus saia. Adeus querida. Venha dar um abraço na sua mãe.

ADAM Adeus mamãe. Tomar cuidado.

SRA. JACKSON Você também. Te aviso quando chegar em casa. Eu te amo.

ADAM Eu também te amo. Vejo você em alguns meses.

Adam voltou para seu apartamento e está conversando com Howard.

HOWARD Então sua mãe está voltando para casa hoje?

ADAM Sim, acabei de me despedir dela na estação. Eu me ofereci para ir ao aeroporto com ela, mas ela disse que pode ir sozinha.

HOWARD Não é tão longe. Ela poderia estar lá em menos de uma hora, dependendo do tráfego.

ADAM Oh, é tão rápido de ônibus? Pegamos um táxi quando chegamos aqui.

HOWARD E se você tivesse ido com ela, teria que comprar uma passagem de volta.

ADAM É verdade. Eu economizei algum dinheiro.

HOWARD Além disso, você mesmo teria que voltar do aeroporto.

ADAM Não estou fazendo nada mesmo. Eu teria apenas ouvido música no caminho de volta.

HOWARD O que você está ouvindo ultimamente?

ADAM Oh, eu geralmente coloco minha coleção no aleatório. É uma mistura de rock, pop e indie. Eu tenho talvez uma ou duas músicas de r&b lá também.

HOWARD Minha coleção é praticamente a mesma. Mas acabo só ouvindo rádio. Eu deixo decidir o que eu ouço. Embora eu goste de ouvir música instrumental enquanto estou estudando.

ADAM Como são as estações de rádio daqui? Eles são bons?

HOWARD Os locais não são ruins. Muitas vezes você ouve as mesmas músicas repetidas, mas isso é comum para estações de rádio em qualquer país.

ADAM Bom saber. Oh, minha mãe me envergonhou na estação. Meu pai disse a ela que conheci uma garota e ela queria ter certeza de que eu praticaria sexo seguro.

HOWARD O que você disse?

ADAM Claro, eu disse claro. Mas essa é a última vez que digo algo a ele.

HOWARD Ou da próxima vez você deve dizer a ele para não contar a sua mãe.

ADAM Você está certo. Eu não quero simplesmente parar de falar com ele. Temos um bom relacionamento.

HOWARD Ele provavelmente não sabia que você queria manter isso em segredo de sua mãe. Talvez ele pensasse que ela já sabia.

ADAM Falando no diabo. Ela acabou de me enviar uma mensagem.

HOWARD Ha, ela sabia que você estava falando dela.

ADAM Oh não, a polícia parou o ônibus a caminho do aeroporto.

HOWARD O quê? Ela disse por quê?

ADAM Oh meu Deus! Ela disse que há um caminhão na frente do ônibus que diz: "Unidade de Descarte de Bombas"!

Is this book helping you on your learning journey? Your thoughts on Amazon would be greatly appreciated. Your review not only helps fellow language learners but also provides valuable insights for others like you. Thank you for your contribution to the community!

More from Dialog Abroad